静等花开

——让孩子遇见更好的自己

徐　玲 ／ 著

希望出版社

图书在版编目（CIP）数据

静等花开：让孩子遇见更好的自己 / 徐玲著 .——

太原：希望出版社，2018.6（2022.9 重印）

ISBN 978-7-5379-7769-2

Ⅰ.①静… Ⅱ.①徐… Ⅲ.①小学教育 Ⅳ.①G62

中国版本图书馆 CIP 数据核字(2018)第 110319 号

静 等 花 开　　　　徐 玲 著
　　　　——让孩子遇见更好的自己

出 版 人：王　琦

责任编辑：翟丽莎

美术编辑：王　蕾

复　　审：宸源雪

终　　审：王　琦

装帧设计：王　蕾

出版发行：希望出版社

地　　址：山西省太原市建设南路 21 号

开　　本：890mm×1240mm　1/32

插　　页：2

印　　张：7

版　　次：2018 年 6 月第 1 版

印　　次：2022 年 9 月第 2 次印刷

印　　刷：北京一鑫印务有限责任公司

书　　号：ISBN 978-7-5379-7769-2

定　　价：39.00 元

本书作者徐玲与各地小读者在一起

前　言

童年，人生最美的驿站

每个孩子在不识字时，都喜欢装模作样地看看书，闻闻书的味道，还喜欢模仿哥哥姐姐背书包的样子。当他们真的背上书包，跨入校园后，那原本荡漾在小脸上的快乐却一天比一天少。

从古至今，读书一直被当成苦差事。"头悬梁，锥刺股""三更灯火五更鸡"，讲的都是古人读书的辛苦。我每次读到这样的描写，就感觉这不只是在读书，还是在拼命。尽管古人读书已苦到不可思议的地步，可跟今

天的孩子比起来还是差远了。

　　不说别的，单说要学的功课。古人整天只要摇摇头、晃晃脑，读读诗，背背经，说到底只要学好一门语文，会写一篇格式统一的八股文，就可以去应试，运气好的话还能当个一官半职，光宗耀祖。现在幼儿园的孩子个个都会背唐诗，还有不少已经会讲点外国话了。一进小学，那简直就像飞机进入了起飞跑道，想慢也慢不下来，语文、数学、道德与法治、社会、艺术、English（英语）；读的、写的、算的、画的、说的、唱的；中国的、外国的，一股脑儿全部扑过来，课本堆起来就像一座山。好像装着一座山的书包孩子们自然背不动，于是一个个书包被装上滑轮变成了拉杆箱。

　　每次在路上看到拉着书包的孩子，我就感觉那孩子不是去上学，而是要到很遥远的地方去出差。

　　那一大堆书自然不是让孩子每天拉来拉去玩的，而是要对照教学计划，按课按时，统统要装进孩子小小的脑袋里的。于是，所有的学校都呈现出千篇一律的景象，

课堂就是学习车间。一天到晚，学生像拉磨的老牛埋着头，背着永远也背不完的书，做着永远也做不完的题。

本应甜甜的童年就这样变得淡淡的，甚至苦苦的。

孩子接受教育是为了享受幸福，并在将来有能力制造更多的幸福。可在我们的周围，却很难看到正在快乐享受学习的孩子的身影。

我认识这样一位母亲，面对孩子每晚成堆的作业，她果断地让孩子有选择地做，只做把握不准和不会的题，这样孩子每天都能按时上床休息。在她"不负责任"的"放任"下，她的孩子思维活跃，志向高远，高考以在全省名列前茅的成绩考入香港中文大学。

"孩子是自己的，不是别人的。不要和别人一样让孩子变成学习的机器。"这是那位母亲和我交流时脱口而出的肺腑之言。

童年是人生最美的驿站，童年就该美美的。知识不是沉重的大山，知识是快乐的殿堂，千万不能让书本压

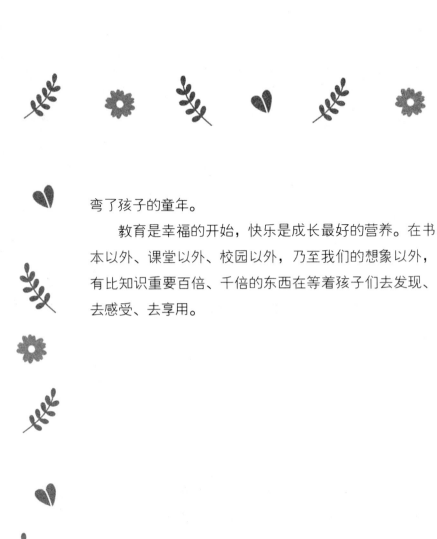

弯了孩子的童年。

　　教育是幸福的开始，快乐是成长最好的营养。在书本以外、课堂以外、校园以外，乃至我们的想象以外，有比知识重要百倍、千倍的东西在等着孩子们去发现、去感受、去享用。

目 录

· 1 ·

前 言 童年，人生最美的驿站

· 001 ·

第一章 每一个孩子都无比珍贵

· 021 ·

第二章 最初的雄鹰是小鸟

· 042 ·

第三章 人之初，如白纸

· 056 ·

第四章 大张旗鼓不如悄悄地来

· 071 ·

第五章 孩子的心纯净如水晶

· 088 ·

第六章 孩子都是软耳朵

·107·

第七章　左手离不开右手

·125·

第八章　因地制宜，铁树开花

·142·

第九章　只吃嘴边大饼的孩子

·160·

第十章　孩子的心容易被伤害

·183·

第十一章　教育的方式

·202·

第十二章　精神上的幸福是真幸福

·216·

后记　一间木屋，一片向日葵，还有我们

第一章

每一个孩子都无比珍贵

每一个孩子都无比珍贵

　　物以类聚，人以群分。遗传基因、生存环境等诸多客观因素，决定了人与人天生是有差别的。这种差别让每一个孩子变得分外珍贵。虽然每一个孩子都是唯一的、独特的，但所有的孩子都是积极、乐观、向上的。在千篇一律的说教中，如果能加入一些艺术的点拨，孩子就会如饮甘露，蓬勃生长。

所有的颜色，都是你的幸运色

　　真令人高兴，安珠儿单元小测验做得很好，基础知识几乎没怎么出错，小作文也写得比平时流畅。我给了她一个"优"。

测验卷发下去后，安珠儿快活得合不拢嘴。要知道，我们相处快一个学期了，这是她表现最棒的一次。

语文课上，我对测验的总体情况作了简要分析后，在全班同学面前表扬了安珠儿，还请她上台讲一讲自己为什么会取得这么大的进步。

安珠儿听到要上台发言，有些紧张和害羞。她扭扭捏捏上来后，想了想，对大家卖关子："其实，我得到'优'是有秘诀的。"

"秘诀？"

"真的假的？"

"快说说！"

同学们好奇得不得了。

安珠儿抿着嘴巴笑笑，仰起脸看看身旁的我。

我拍拍她的肩膀："既然有秘诀，那就说出来吧，跟大家分享一下，让大家都跟着你一起进步。"

安珠儿点点头，环视下面的同学，一个字一个字郑重其事地说："我之所以考得好，是因为我考试的时候穿了蓝色的衣服。蓝色是我的幸运色。"

"啊？"

她的"秘诀"令大伙儿感到既惊讶又好笑。

"是真的，"安珠儿一本正经地解释，"这是我上个月才发现的秘诀，蓝色的的确确是我的幸运色。上个月我穿着蓝色的衣服跟着爸爸去逛超市，结果中了奖，得到一个电饭锅。上个星期我穿着蓝色的衣服去买手抓饼，结果吃的时候发现里面多夹了一根香肠。你们看，蓝色就是我的幸运色。所以，昨天考试我特意穿了蓝色的衣服。"

"碰巧而已！"

"好天真的想法。"

"太有意思了！"

"呵呵呵……"

场面有些失控。

面对大家的怀疑和取笑，安珠儿的脸红了，她一个劲儿朝我看，希望我能为她说点儿什么。

我先让她回座位，然后示意同学们安静，紧接着对大家说："安珠儿刚刚总结出这个'秘诀'，至少能说明三件事。第一，安珠儿是个细心的女生，她发现了中奖的那天和吃手抓饼多了一根香肠的那天，自己穿的都是蓝色衣服。第二，安珠儿是个谦虚的女生，她把自己的进步归功于所穿衣服的颜色，只字不提自己下的功夫和付出的努力，难道不是谦虚吗？第三，安珠儿是个幽默的女生，你看，几句话就把我们大家逗乐了……”

我说到这儿，发现安珠儿原先紧绷的脸重新展开了笑容。同学们对安珠儿的看法也顺着我的说法发生了转变。

表面上，一场"幸运色"风波就这样过去了。但是我知道，安珠儿的内心深处还是固执地以为"幸运色"的威力真实存在。为了消除她这个想法，我在放学前把她约到了操场上。

我们一边散步一边交谈，我注意到她今天穿着黄色的衣服。于是我说："你看，你今天也很幸运，被表扬、被关注……这么说，黄色也是你的幸运色？"

安珠儿浅浅地笑。

我从口袋里取出几个月前的一张合影："你看，这是一次班会课上的照片。我们大家一起做水果拼盘，你的拼盘获得了第一名呢！你看，当时你穿的是红色的衣服。这么说，红色也是你的幸运色了？"

安珠儿笑出了两个深深的酒窝。

"你妈妈把你生出来的时候，你没有穿任何颜色的衣服，你不也幸运地降临了吗？这么说，就算没有颜色，你还是幸运的！"

安珠儿幸福地陷入沉思……

我牵住她的手："学习成绩能不能得'优'，全看平时努力不努力，对吗？如果你努力了，所有的颜色都是你的幸运色；如果你不努力，所有的颜色都不能带给你幸运……"

安珠儿眯着眼睛不住地点头，下决心说："我会让所有的颜色都成为我的幸运色。"

我的日记可以是一幅画吗？

上完课，我捧着全班同学的日记本回办公室批阅，翻了一本又一本，没发现什么新鲜内容。同学们不是写当天发生的事，就是轻描淡写几句对理想、对生活的看法。当翻开尹涵的日记本时，我大吃一惊。

她在日记本上画了一幅五彩的画，看得出是古诗《泊船瓜洲》的插图：浩瀚平静的江面上有一叶小舟，有个人正立在船头，遥望远方。画的下方还有一行字："老师，这次我的日记可以是一幅画吗？"

看到这样的日记，我有点生气。"日记"就是要记下当天发生的事或谈点自己的想法，一幅画怎能算日记？我猜想她可能是不愿意写日记而偷懒吧。

想想尹涵，她是一个默默无闻的女孩，成绩一般，虽然不大引人注目，倒也乖巧、可爱。我不禁纳闷：这么规矩的女孩子怎么想到"画"一幅日记呢？

我十分好奇地找到尹涵，她的一番话反而让我产生了"以小人之心度君子之腹"的感觉："昨天学习《泊船瓜洲》这首诗时，我非常喜欢书上的那幅画，也想试着画一画……不过，我没有照着画，而是凭着对诗的理解边想边画，画好后自己觉得挺满意，也想让您看看，所以……"

我幡然醒悟：布置学生写日记的初衷不就是希望他们在写日记的过程中说出对人生、对世事的看法，培养他们表达和倾诉的能力吗？既然尹涵能通过一幅画来表达她对一首古诗的意境和诗人思想感情的认识，那我又何尝不能认可和接受她这种独特的倾诉呢？

我再一次翻开尹涵的日记本，在她写的那行小字下面郑重其事地写上批语："你画得很好！这次你的日记可以是一幅画，因为这幅画同样表达了你的思想、你的见解！"不仅如此，我还觉得意犹未尽，在批语的右边画了一张灿烂的笑脸。

我知道这样做给予她的不仅是一行字、一幅画，更多的是一份肯定、一份呵护、一份激励。

小小是天才

同学们都出去玩了，他们都用"无论……都……"造好了句。

小小跑上来把造好的句子递给我，迫不及待地问："我可以出去玩了吗？"

我放下手上的备课本，把头扭过来看小小皱巴巴的作业本，只见那上面写着："鱼，无论是红烧，还是白煮，我都不喜欢吃。"

"你再写一句吧！"我笑眯眯地说。

"为什么呢？"小小快把嘴唇翘到鼻尖上了，"我造的句子有问题吗？"

我的眉头皱起来："好像没问题，但是，好像有点儿小问题。"

小小注视自己写的那句话，一拍脑袋："哦，我知道了，字写得不端正。我下去重写。"

小小抓着作业本返回座位，写完后又上来。

"这样可以了吗？"小小边说边朝教室外面看。她的同桌鲁得得正歪着脑袋玩溜溜球。

我拿起小小的作业本，发现她只不过在刚刚那句话的下面，隔开一行，把那句话一笔一画又抄了一遍。

"字很好看。可是……你可不可以另外造个句子呢？"我说。

"我已经把字写端正了，为什么要另外造句呢？"小小不高兴了，"我要出去玩儿，鲁得得拿了我的溜溜球。"

"小小，你的句子造得很好，不过老师觉得你能造出比这一句更好的句子。你试试？"我抚摸着小小清爽的马尾辫说。

小小转身下去，抿上嘴巴想了一会儿，在刚刚那行端端正正的字下面重新造句。我看见她写的是："在我家，无论是爸爸，还是妈妈，睡觉都打呼噜。"

"噗——"我笑出声来。

"嘿嘿，好了吧？"小小晃晃脑袋，"我出去玩儿喽——"

没等我反应过来，她已经跑了出去。

我忍不住站到窗口看着她。

"我的溜溜球，我的宝贝溜溜球！"小小把鲁得得手上的溜溜球拿过来，"你瞧我怎么玩儿！"

鲁得得问："你这么快就造好句子啦？"

小小把溜溜球抓在手里，有些得意地说，"告诉你吧，老师表扬我句子造得好，叫我一连造了两个呢。"

"真的？"鲁得得来劲儿了，又问，"你写的是什么？"

小小就把自己造的两个句子原原本本地说给鲁得得听。

鲁得得听完一个劲儿笑，笑得鼻孔上冒出小泡泡："小小，你，你简直是天才！"

这是第一次有人称小小天才。

"噢？你真的认为我是天才？"小小激动得抓住鲁得得的胳膊，"你再说一遍，再说一遍嘛！"

鲁得得收住笑，用脏手背抹抹鼻头大声说："小小，你是天才！"

说完，他又笑了。

"可是，假如我是天才，为什么每次考试都考不好呢？语文不好，数学不好，英语更不好，就连竖笛都吹不好。"小小冷静地嘟囔。

"天才都考不好。"鲁得得把脸凑到小小的鼻头前逗她，"听说爱因斯坦小时候功课也不好，可他长大后不是成了伟大的科学家吗？说不定你将来也是一个什么家呢！"

小小听了，心花怒放。

"切，鲁得得耍你呢！"东儿摇晃着肩膀站在小小身边，一副瞧不起人的模样，"你要是天才，我就是宇宙之王！造个句子都要大半天，你不是笨蛋是什么？"

小小急了。鲁得得在边上笑，不说话，小小更急了。

"还玩溜溜球呢？你应该把所有的时间用到学习上。笨鸟先飞，知道吗？"东儿补充道。

小小气得胸脯发胀，扔了溜溜球跑进教室，跑到我身边。

这时上课铃声响起来，还是我的语文课。我拍拍小小的肩膀说："我们先上课吧。"

"我不要上课，"小小有些倔强，"东儿要是再说我是笨蛋，全班同学就会跟着一起说，我不想当笨蛋。"

说完她转身就跑。

我追上去把她带进办公室，想安慰她，又担心无济于事。这时，我注意到桌上一摞崭新的作业本，便对小小说："你在这儿待一会儿，顺便帮我把新作业本的姓名写一下，好吗？"

封皮的横线上，平时都是我为每个同学写名字的，这回我让小小帮着写。小小觉得非常光荣："嗯，我一定把每个同学的名字写得漂漂亮亮。"

"那就先谢谢你啦！"我说完去上课了。

我跟全班同学谈话，希望他们和我一起帮助受伤的小小找回自信和快乐，同学们都表示会积极配合。

接着，我叫鲁得得去办公室请小小把作业本捧过

每一个孩子都无比珍贵

来。过了一会儿，小小抱着作业本来了，有点开心又有点忧伤。我迎上去，躬身望着小小柔柔地说："我们一起发作业本吧。"

小小点点头，和我一块儿把作业本发下去。

教室里立刻沸腾了。

"我的名字是谁写的呀？"

"好漂亮的字！"

"简直比字帖上的字还好看！"

被赞美声包围着的小小，脸儿一阵阵泛红。

我示意大家安静，一个字一个字地说："你们作业本封皮上的名字，都是小小写的！"

"哇！"全班同学惊呼。

"小小是天才！"

小小听清楚这句话是东儿说的，而且他说的时候还带着笑意。

小小笑得咧开嘴，鼓起勇气说："其实，我知道自己不聪明，要努力的地方还有很多。我应该向大家学习。请你们相信，我会下功夫的！"

掌声热烈响起，久久不落。

商业奇才

"火力点里的敌人把机枪对准黄继光……"我正在范读课文。突然，从沈可课桌里跳出一连串乒乓球的响声，所有同学的视线都被吸引了过去。

我让沈可把乒乓球全部捡起来放好，只说了句："课后请到我办公室来。"便继续范读课文。

下课后，沈可主动跟我进了办公室。我问他："你书包里一共有多少个乒乓球？"

"17个。"他的回答令我大吃一惊。

"徐老师知道你打乒乓球厉害。每次活动课会统一发乒乓球，用不着自己带。你为什么要带这么多乒乓球？"我不解地问他。

面对我的发问，他把嘴闭得紧紧的，许久不吐一个字。上课铃响了，我让他下了课再来。等他走后，我一个人静下来想，他为什么一下子带17个球？思来想去，我觉得他可能是为了炫耀，生怕别人不知道他家有钱吧。我这样想是有依据的，他父母做皮鞋生意，门面房就有6间。可即便富裕，也不能一下子给孩子买17个乒乓球啊！会不会是沈可自己买的呢？美术课下课了，沈可拎着一塑料袋乒乓球跑进办公室，往我桌上一放，说："徐老师，我想我应该告诉你，我早上带了20个乒乓球来，卖掉3个，还剩17个。"

"你说什么？卖掉3个？卖给谁了，多少钱一个？"我觉得十分诧异，办公室里的老师都像发现了新大陆一样，不约而同地围了过来。

沈可很害羞，低下头吞吞吐吐地说："卖给了我们班的周龙龙、柯华和沙青，1.5元一个。"

"1.5元一个，这是市场价，你是帮他们代买的吧！"我说。

"商店里都卖2元，有的名牌还卖5元呢！"四(2)班的程老师紧接着说。

"不，不！您不知道，这些球是让我做文体用品生意的大姨妈帮我在批发市场顺便带回来的，20个球，才花去20元钱，卖给他们1.5元一个，每个我可以净赚5毛。"沈可道出了事情的原委。

在场的老师都被他的"生意经"惊呆了。有谁能想到，一个四年级的孩子竟然懂得市场经济。

我不知说什么好，只觉得太突然了，没有一点思想准备。我曾在一份报纸上看到，法国里昂一位12岁的男孩把家里吃剩的巧克力以高于市场一倍的价钱卖给了同班50位同学，校长没有批评他，还夸他是"商业奇才"。

而此刻，类似的"商业奇才"就站在我的身边，我该如何引导他呢？

思量再三，我跟他说："徐老师很佩服你的生意头脑，你将来可能会成为一位十分出色的商人，但现在你还小，还是个学生，学生的主要任务应该是把文化基础打好，这是今后你实现远大理想的必备条件。现在你更应该把精力放在学习上，把你那份过人的生意天赋好好收藏起来，等长大了再用。"

我说话时，沈可盯着我，脸上不时露出笑意。

"17个乒乓球，你自己拿回去处理，以后上学别带了。"我拎起塑料袋塞到他手里。

他捧着17个乒乓球，向我扮了个鬼脸才转身离开了办公室，他一向这么调皮。

1+1=田

那年女儿读一年级。一天她在纸上写写画画时，突然抬头说要我回答一个问题：1+1=？我答2，她说不对；我大着胆子，开始发散性思维，说1，她摇头；说11，她又摇头。我没耐心了，干脆说不知道。她就说我笨，一点也不肯动脑筋，接着一脸得意地告诉我她的标准答案：1+1=田！

　　我无法理解，一个最基本的数学式子怎么会以一个八竿子打不着的汉字作答案？女儿就像小老师一样开始启发我：田字的左右两边都是"1"，中间是个"+"，上下两横是一个"="，加起来不正是一个"田"字吗？虽然知道这是歪理，但经她如此一开导，我还不得不承认她发现了一个"新大陆"。面对她的得意，我没有辩驳，因为我知道成人的思维和孩子的思维绝对是两码事。孩子愿意去想象、去思考、去探究，那是非常难能可贵的，就算他们得出的结果有点牵强、不科学，甚至异想天开，也可以理解并值得欣慰，因为他们愿意思考、善于思考，而有时看似标准的答案往往会扼杀他们无穷的想象力和创造性。

　　曾有一个心理学方面的专家，为了说明这个问题，有一次做讲座时专门在黑板上写了一个"n"，所有的老师、家长马上联想到它是一个拼音或英文字母，而孩子们的答案却五花八门：门洞、桥洞、鞋跟、绳子、虫子等。为什么大人的答案会千篇一律，而孩子的答案却精彩纷呈？原因不外乎两个方面：一是大人没有以孩子的思维去思考，二是大人已经不具备孩子那种可贵的发散性思维。当大人是孩子时也曾有过那样的思维，一天到晚会在心中不停地问着"十万个为什么"。随着不断地接受各种教育，那种可贵的思维就开始远离。实际上，面对孩子提出的千奇百怪的问题，我们真正能回答出来的又有几个，很多时候回答不出就只能摆出一副简单得不愿去思考的样子来唬孩子。伟大的发明家爱迪生在孩提时蹲在鸡窝里孵小鸡，殊不知这在常人眼里可笑无比的举动，竟是伟大发明诞生的前奏。

孩子的学习既是对前人经验的间接继承，又是一个从生活实践中自我习得知识的过程，两个过程相辅相成。在这两个过程中，大人是指导者，同时也是与孩子一样的探究者，因为孩子正在思考的问题许多大人也并不懂。尊重孩子的想法，孩子的思维会愈加开阔；相反怕孩子走弯路，而不时发出提醒抑或警告，孩子的思维只会越来越窄。孩子的突发奇想，只会源于他们心中所描绘的五彩世界，而绝不可能是成人公式化的生活。面对"1+1"，大人只会得出一个数字，而一年级的孩子却能打破学科界限，给大人一个全新的答案。生活本身就是大百科，既不属于语文，也不属于数学。成功的教育在于能不断地启迪心智、激发创新，失败的教育在于不停地禁锢思维、钝化大脑。

幸福启示一：保护创造性

发明大王爱迪生一生拥有2000多项发明，但是他只上过三个月的小学。很多人认为爱迪生是天才，其实，在他的成长过程中，有一个人起了很重要的作用，那就是他的母亲。如果说爱迪生是千里马，那么他的母亲就是伯乐。爱迪生在没有成为发明家之前，是个极普通的孩子，他之所以能从普通的孩子成长为发明家，关键就在于他儿时各种幼稚的创造性举动，得到了母亲的重视、保护和引导。

创造性是人类最珍贵的潜能。如果家长和老师不注重启发、引导孩子增强这种能力，那就会造成很大的教育失误。

著名科学家杨振宁在谈到自己所受的教育时说："我到芝加哥大学攻读博士学位，学到一种与中国完全不同的学习方法。老师要你注意的不是一些最高原则，而是一些新的现象，抓住这些现象进行探索、研究、归纳、总结……我的老师泰勒就是这样一个典型，他每天大约要产生10个新想法，但其中9.5个都是错误的，可他面对困难，积极探索。如果一个人每天能有一个新想法，也就不得了了。"杨振宁的这番话令人深思。当今世界，竞争无处不在，无论是国与国还是人与人间的竞争，归根到底都是实力的竞争，也就是人的创造性的竞争。墨守成规的教育自然无法培养出具有创造性的人才。

　　孩子的创造性会受智力的限制，但更重要的还是非智力因素，也就是潜能。孩子的潜能需要家长、老师一同去挖掘和激发。

　　大发明家爱迪生虽被老师一致认定为愚不可教，并被逐出校园，可他的母亲却坚信自己的儿子是聪明的。像爱迪生这样由笨小孩成长为天才的例子并非个例。20世纪伟大的科学家爱因斯坦长到3岁才开始咿呀学语，比他小两岁的妹妹当时已经能和邻居交谈了，爱因斯坦说起话来还支支吾吾，前言不搭后语。直到10岁，父母才把他送去上学。在学校，爱因斯坦受到老师和同学的嘲笑，大家都称他为"笨家伙"。因为反应迟钝，他经常被老师呵斥、罚站。就是这个当年被校长认为"干什么都不会有作为"的笨学生，经过艰苦地努力，成了现代物理学的创始人和奠基人，现代最杰出的物理学家，全世界公认的极聪明的人。每个人都有不同的才能，每个人在生命的长河中都会找到属于自己的星座。爱因斯坦虽然对别的事物迟钝，但是对物理和数学特别感兴趣。大学毕业时，他写出了有关相对论的论文，十五所大学争相给他授予博士学位。

　　每个人都是有潜能的，潜能是创造性的源泉。相比大人，孩子的潜能无时不在，比如很多人家中用的会鸣叫的水壶就是由一个三年级的小女孩发明的。有一天，小女孩的母亲正在炉子上烧水，因为要去忙别的事，就吩咐小女孩一定要看好正在烧水的水壶。小女孩不时地到厨房去看，看了多次，水还没开。她就想，要是水烧开时水壶能叫，那该多好。后来她联想到了音乐课上吹的笛子，笛子能发出声音，靠的就是一排小孔。如果在水壶上也开一个小孔，当水烧开时，蒸汽喷出来，是不是也能发出声音呢？就这样，会叫的水壶诞生了。

跟思维慵懒的大人相比，孩子的好奇心更强。当孩子在专注地做着某件他特别感兴趣的事情时，我们要做的就是保持和孩子一样的热情。

第二章

最初的雄鹰是小鸟

最初的雄鹰是小鸟

雄鹰之所以是雄鹰，不只在于它能高飞，更在于它见过别的鸟儿没有见过的风景。其实最初的雄鹰也都是小鸟，只是最初的雄鹰都是很自由的小鸟，在一次又一次的跌跌撞撞中学会了飞翔，在一次又一次的高飞中练就了有力的翅膀和犀利的眼睛。

我的理想是考及格

如果可以，我希望每一个学生都能取得巨大的进步；如果可以，我希望每一个学生都能实现心中的理想；如果可以，我希望每一个学生都能成为祖国的栋梁。我相信这也是所有教师的愿望。

为此，我真心诚意地对待每一个学生，努力帮助他们取得进步。我经常这样想，除了他们的父母，这世界上大概只有我那么真诚地关注他们的成长，那么强烈地渴望他们进步。可是，有一个学生，他的语文成绩一直考不及格。他不喜欢笑，也抬不起头来。他叫卢一敏。面对他，我感到惭愧和惋惜。尽管如此，我还是安慰自己——尽力就好。

我真的尽力了吗？

那天，打开卢一敏的日记，我的心绪无法平静。

"我今天语文又的（得）了个不及格，我怎么总是不及格呢？下课的时候，同学们都在谈自己的理想，有的说当海羊（海洋）科学家，有的说当飞行员，有的说当力师（律师），有的说当老师。他们问我的理想是什么，能有什么呢，成绩那么差！我说我的理想是考及格。他们笑我了，我只道（知道）他们为什么笑。"

面对这样的日记，我感到心痛。

理想是什么？理想是一个人的崇高愿望、远大目标。而卢一敏的理想仅仅是考及格，我感叹他的理智、他的务实、他的淳朴，同时可以感受到他说这样的话有多么无奈和心酸。

由此也可以看出，卢一敏跟我以前接触的后进生不一样，他重视自己的学习成绩，渴望进步，这是非常可贵的。

作为他的语文老师，我不得不进行自我反省。

我一直以为自己足够了解他，对他足够负责任。为了他的进步，我绞尽脑汁，耐着性子不厌其烦地为他补习。虽然他的成绩进步并不明显，但我从来没有放弃的念头。看了他的日记，我才意识到忽略了最基本的一点——要给他自信。

平时，我口口声声说要因材施教，要照顾到学生的个别差异，要以学生为主体，要让他们的生命焕发光彩。但是，小测验的时候，我总是统一命题，要求学生统一答卷。不一样的学生，做一模一样的试卷。现在想来，5个手指有长短，人的学习能力当然不一样，怎么能以一样的高标准来要求不一样的学生？卢一敏面对一次又一次的考试失利，积极性何在？自信何在？尊严何在？没有了积极性，没有了自信，没有了尊严，又何谈进步？

惭愧之余，我做出决定，既然他的理想是考及格，我就先给他一个及格，然后再慢慢把题目难度加大，看着他一点一点进步，看着他实现更高的理想。我为他单独出了一份练习卷，题目比较简单，量也不多，还鼓励他大胆一些、自信一些，结果他果真考及格了。我把他叫到身边，对他说："你的理想已经实现了，说明你是很有潜力的。继续努力，树立更高的理想，也一定能实现。"

他笑了，笑出了眼泪。

陶米儿

阳光透过树叶在陶米儿嫩绿色的裙摆上缀满星星点点的光斑，陶米儿提起裙摆抬着下巴说："你们可要看仔细啦！"

说罢，裙摆"呼"一下飞起来转圈儿，那些光斑流动成一圈一圈耀眼的光环，把陶米儿的笑靥衬得灿烂无比。

"陶米儿的内裤上真的有一只大大的蝴蝶！"

"是在屁股上！"

…………

女生们爽朗地嬉笑，尽情地鼓掌。男生们发出"嗷嗷"的狼叫。

我刚想走过去，只听一个声音说——

"陶米儿！你在做什么！"

嬉笑声被吞没，掌声被吞没，狼叫声也被吞没。

陶米儿一个趔趄坐到树下的竹长凳上，一面抚裙摆，一面眨巴眼睛，有点儿被吓坏了。

"你知不知道你是个女生！"米儿妈伸出一根好似铅笔一样长的手指，直戳陶米儿的圆鼻头，那个光滑的涂了紫蓝色指甲油的指甲耀眼夺目，"你怎么可以让人家看你的内裤？"

"他们不相信我内裤上有蝴蝶。"陶米儿为自己申辩。

米儿妈急得跳脚："你已经上四年级啦，四年级的女生是大女生啦，大女生的裙子是不可以随便撩起来的。你是不是要我把你送到大黑山才不惹事？"

"不要嘛，我不要去大黑山，我要妈妈！"陶米儿嘴巴噘得很高，眼睛里水汪汪的。

就在刚才陶米儿三年级时的老师告诉我，像陶米儿这样轻度智障的小孩，如果给她快乐自由的生活环境，给她宽松舒适的学习环境，给她尊重平等的心理环境，她是可以有很大进步的。

陶米儿看着妈妈凶巴巴的脸，眼泪快要掉下来了。

我步履轻盈地走过去，绽开真诚的笑脸，目光轻轻落在陶米儿黑亮的眼睛上。

"你就是陶米儿吧？认识你真高兴。"我欠下身。

陶米儿仰着头问："你是谁呀？"

"我是徐老师，是你们四（1）班的新班主任。"我说，"陶米儿，你的手真干净呀，我可以牵一下吗？"

陶米儿一下咧开嘴角，伸出胖乎乎的手。

我牵着她的手，把她从竹凳子上扶起来，然后用另一只手抚摸她的短头发："陶米儿真是个可爱的女生，大家说是不是？"

"是——"男生和女生一起大声地说，然后"咯咯"地笑。

陶米儿美美地笑着，露出一对浅浅的酒窝。

"我们进教室好吗？"我笑眯眯地对大家说，"要发新书啦！"

大伙儿争先恐后地奔向教室。

我挨个儿把崭新的语文书发给同学们，请他们自由朗读第一篇课文。这是一首感人的诗：在昨天与今天之间铺设大道，在现实和理想之间架起金桥，啊，老师的事业多么崇高，古今中外，哪个人的成长不浸透着老师的心血……

陶米儿把书立在眼前，费力地、大声地读起来："在……昨天……与……今天……之间……大……道……"

"报告老师，陶米儿不会读！"同桌很有意见，"她不会读，声音还那么大，搅得我都读不好。"

同学们的目光齐刷刷地投向陶米儿，陶米儿难过得垂下头去。

我保持笑容从讲台上走下去，一边走一边说："陶米儿大声朗读，这说明她认真，认真是多么可贵的品质呀，我们要向她学习。"

陶米儿的头慢慢抬起来。

我来到陶米儿身边说："来，老师读一句，你跟着读一句。"

陶米儿担心地说："我怕……"

"你能行。"我轻轻地拍她的后背，想给予她无限的力量和信心，"在昨天与今天之间铺设大道。"

陶米儿认真地跟读："在昨天……与今天之间……大道。"

"铺设。"我指着"铺设"两个字，"铺设。"

"铺设。"陶米儿挺了挺胸膛，"在昨天与今天之间……铺设大道。"

我带头鼓掌，同学们把最热烈的掌声送给陶米儿。

陶米儿在掌声里笑得睁不开眼睛。

我把手搭在陶米儿同桌的肩膀上："你多么幸运，能跟陶米儿成为同桌。同桌是最好的朋友，好朋友之间就要互相帮助。在她需要帮助的时候，你愿意帮助她吗？"

同桌想了想，说："我愿意。"

"徐老师。"陶米儿努着嘴想说感谢的话，却不知道怎么说，只是一个劲儿叫着，"徐老师，徐老师。"

陶米儿似乎从来没有像现在这样开心。

下课的时候，我总跟陶米儿一块儿玩，不是做游戏，就是坐在花坛边说话。本来女生们不喜欢跟陶米儿一起玩，看见我跟她玩，也就跟她玩了。

快乐的陶米儿觉得自己变得重要起来，好像我离不开她，伙伴们也离不开她，她甚至开始幻想自己未来的职业。她跟我说她要像我一样，当一名小学老师，把自己打扮得像云朵一样干净，说很动听的话。谁要是不高兴，她就去牵谁的手，让那个人马上高兴起来。

然而，好景不长，陶米儿的生活将发生改变。

这天放学后，教室里只剩下我和陶米儿两个人。陶米儿要写一篇作文，我正在跟她进行写作前的谈话，引导她把要写出来的话先说出来，说清楚了，也就能写清楚。

"在我们的生活中，有很多节日，如春节、植树节、劳动节、儿童节……每个节日都寄托着人们的美好感情和愿望。假如让你按照自己的心愿设立一个节日，你想设立一个什么节日呢？"我引导陶米儿。

陶米儿想了好一会儿，慢慢地说："我想有一个老师节。"

"老师节，已经有教师节啦，每年的九月十日就是教师节。"我爱怜地捏一下陶米儿的圆鼻头，"你忘了吗？这次的教师节，你还送给老师一块小橡皮呢！"

陶米儿这才想起来，教师节她给我送过小橡皮，当时我很高兴地收下了，还回赠她一个跟文具盒一样厚的皮面笔记本呢！

想到皮面笔记本，陶米儿快活地笑了："我想设立一个……徐老师节，是徐老师一个人的节日。"

"啊？"我牵住陶米儿的手，感动得说不出话。

"陶米儿！"米儿妈从外面走进来。

"徐老师，"米儿妈朝我点点头，"这孩子让您费心了。谢谢您！"

"不客气，应该的。"

她说："陶米儿转学的事，我都安排妥了。"

"转学？"我吓了一跳，"为什么要转学？"

陶米儿不太明白什么叫"转学"，默默地看着两个大人。

米儿妈压低嗓门对我说："年底前，单位要调我到外地办事处工作，这样一来我就没时间照顾米儿了。我要把她转到特殊学校读书，听说那儿的培智班教学效果不错，而且学校能寄宿，也让我省了不少心。"

米儿妈说这些话的时候，米儿没有注意听。

我低下头看陶米儿，看她把花橡皮从这只手抛到那只手，又从那只手抛到这只手。她真是一个漂亮的女孩儿，樱桃小丸子一样的短发，黑葡萄一般的大眼睛，粉红色的小嘴唇，还有一个可爱的圆鼻头。

"能不能……征求一下米儿的意见？"我很负责任地问米儿妈。

"我会告诉她。"米儿妈叹口气，"就这么办吧，这样对她、对我都好。"

望着母女俩的身影，我好半天回不过神。

第二天，陶米儿背着书包不进教室，而是趴在走廊的栏杆上。我一走过去，她就迎上来："我要去别的学校了。徐老师，你也会去吗？妈妈说，在新学校可以喝牛奶、吃饼干，还可以看动画片。徐老师，我们一起吃东西，一起看动画片，一起睡觉。"

我听不明白："老师为什么会去呢？"

"妈妈说，那儿也有徐老师。"陶米儿说。

我感到鼻子有些发酸。

转学的日子说来就来了。

这是陶米儿在我们学校上课的最后一天。她还是那么开心，那么天真无邪，根本不知道等待自己的是另外一种生活。也许那种生活更适合她，也许她会遇到比我更好的老师。可是，她不知道我不会去。如果她知道，怎么会愿意去呢？

米儿妈最后一次接陶米儿放学，陶米儿摇摆着手对我说："我们在新学校见。"

她是笑着离开的。

没有了陶米儿，按理说我轻松了不少，不用加班加点为她补习，可是我一点儿都高兴不起来。上课的时候，我的目光掠过陶米儿的空座位，心头就会涌起担忧和失落的感觉。

两个一样的脑袋

万坚、万强被认为是一对"活宝"双胞胎，人称"万氏二兄弟"。这兄弟俩长得一个模样，就连同班同学都分不清哪个是万坚，哪个是万强。对我这个新班主任来说，要轻易分出他们来，还的确是道难题。

这两兄弟不仅长得一样，穿得一样，而且行为举止也相似。跑步时，一个被人踩了鞋带，另一个肯定早已蹲在地上系鞋带了。上课时，一个在做小动作，另一个肯定也不专心听讲。回答问题都有意使声音沙哑，一个声音像破锣，一个声音像蚊子，让人听了像吃糠那般难受。每当轮到这两位回答问题时，同学们会条件反射地屏住呼吸。两个人的作业也叫人大开眼界，一个是鬼画符，一个是写天书。最叫人头痛的是两个人的思维竟也如出一辙，一个不开窍，另一个钻牛角尖。每当检查家庭作业，如果一个说忘在了家里，不用问另一个肯定也没有带来。

这个班基础不扎实的同学较多，班主任轮到我这儿已不知换了几拨了。碰上一般的后进生倒还正常，大不了化整为零，逐个击破。摊上这一对，我真有点哭笑不得，刚跟一个讲得好好的，可晚上回去，兄弟俩一起在床上睡一觉，醒来又彻底同化了，都恢复了老样子。他们的家长也为如何教育两兄弟伤透了脑筋，曾多次主动到学校找我想办法，他们的妈妈有时还会直接揪着两兄弟的耳朵到我跟前，对我说："只管狠狠批评！"当时两兄弟虽然有惊恐之色，但只要转过身去，便又活蹦乱跳、毫无顾忌了。天长日久，两兄弟更明白了这"狠狠批评"根本"狠"不到哪儿去。

就在山穷水尽之际，学校给每个班配备了语音箱。当我打开包装盒，取出崭新的语音机和话筒时，同学们都睁大了好奇的眼睛，两兄弟的眼珠更是跟着我摆弄的手骨碌碌地转个不停。突然我有了个主意，故意问同学们："大家说，这个新话筒最先给谁用？"

"给我！""给我！"学生们争先恐后，一个个把手高高举起来，有的甚至情不自禁地站了起来，两兄弟夹在中间，我只看到他们的嘴巴在动，但听不到声音。

"大家都想先用，我给谁好呢？"

"那就给老师先用。"学生们很快有了统一意见。

"老师今天要把这宝贵的机会让给我们的同学，大家想想看，该让给谁呢？"

"刚才举手的、站起来的同学，你们的声音都很响，不用话筒老师都能听得清清楚楚。我们中间谁最需要用话筒来扩大音量呢？"我有意识地提醒大家。

"万坚！""万强！"同学们不约而同地叫起来。

"有不同意见吗？"我充分发扬民主。

"没有！"同学们异口同声，回答得肯定而干脆。

万氏二兄弟在同学们的大声鼓励中，缩头缩脑且腼腆地走上讲台。我让他们打开课本，为他们拿着话筒，请他们一起读课文《三味书屋》中的段落。

"鲁迅的书桌上刻着一个小小的'早'字，说起这个'早'字，还有一段来历……"当两兄弟的声音通过话筒从语音机中传出时，同学们一反常态，都跟着进入了角色。

有个调皮的同学竟忍不住地叫了起来："哇，他们好帅呀！"

两兄弟读得更来劲儿、更卖力了。那声音开始还有点激动的颤音，读着读着，让人听了竟感觉到了舒服。那是一扫往日发言中的沙哑和压抑，发出的一种清晰而响亮的正常语音。

两兄弟读完后分外激动，同学们则报以热烈的掌声，在掌声中我似乎看到了希望：孺子可教！

塑料戒指

做课间操时，王小磊一抬手，我看到他手上有东西在反光。我走近一看，原来他在小拇指上套了一个小塑料圈。做完操，我问他手上戴的是什么"宝贝"，他回答说是"戒指"，还用另一只手上去捂着，生怕谁会抢走。

"只听说戒指有金的、银的，没听说有塑料的。"我有意逗他。

"这是真戒指，现在很多食品附赠玩具，我这个戒指就是在吃鸡味圈时吃到的。"他的脸上透着一股好像中了彩票一样的神气。

"戴着好看吗？"我问。

"不好看！"他回答很利索。

"那你为什么还要戴着？"

"我看很多大人都戴戒指，我也戴着玩玩。"

模仿——我对他的举动迅速下了结论，并准备跟他结束这一并无多大意义的话题。

"老师，您有金戒指吗？"我对他的塑料戒指不感兴趣，他倒对我有没有金戒指感兴趣了。

我告诉他没有，他听了脸上便露出一丝迷惑。

"我妈妈有金戒指、金项链、金耳环，还有金镯子，您为什么连金戒指都没有？您不会在骗人吧！"

"老师没骗你，金子太贵了。"

"那我妈妈怎么就舍得买呢？"他竟要刨根问底。

"因为你妈妈有钱呀！"我半开着玩笑。

"那老师怎么就没钱呢？是不是当老师就会变得没钱呢？"

我一时想不出怎么回答他，只能告诉他，等他长大了就会明白。

"真要这样，那我长大了就不能当老师了！"他看上去很担忧。

"为什么？"

"因为我妈妈经常跟我说，长大了能挣许许多多钱才叫有出息。我要做有出息的人就不能当没有钱的老师，可我又很想当老师，我该怎么办呢？"看着他一脸的稚气，听着那极富逻辑的推理，我感到有必要好好地开导开导他。

"如果你长大后挣了许多钱，准备怎么花呢？"

"我想捐给希望工程，让许多失学的孩子能像我现在一样上学。可每当我把这个想法说出来的时候，妈妈总说我是傻蛋。我不想当傻蛋，到时我就买金戒指送给老师您吧。"他说得极认真。

我想笑，可心情却沉重得怎么也笑不出来。

"老师先谢谢你，你能告诉我金戒指有什么用吗？"

"好看呀，我妈妈经常跟周围的阿姨们比谁的戒指大、谁的项链粗。"他说得极不经意。

"那你告诉老师，老师现在没有戒指是不是很丑、很难看呢？"我边说边把他那只戴有塑料戒指的手抬起来。

"不，老师，您很漂亮，我们大家都非常喜欢您。您会教我们读书，教我们写字，和我们做游戏，还给我们讲故事。告诉您一个秘密吧，很多同学都很崇拜您。"看得出他讲的是真心话。

"那你长大了还想不想当老师呢？"

他郑重地点着头，看着我的眼睛说："要是我妈妈能像您一样该多好啊！她整天只知道站在穿衣镜前，让我看她的金戒指、金项链、金镯子漂亮不漂亮，其他什么也不懂，有时我觉得她很无聊。"

他边说边把手从我手中抽出去，摘下那枚塑料戒指，把它塞进了裤子口袋里。

一行粉笔字

那是我参加工作的第二年。如往常一样，那天我提前十五分钟到了学校，同学们正陆陆续续地走进教室。我坐在讲台旁批改作业，批得正入神，不觉胳膊肘被谁轻轻推了一下，抬头发现是校长。她满脸严肃，只说了一个字"来"。随即，我忐忑不安地跟着她走出校园。

来到学校旁边的小区，我抬头看见墙壁上用红粉笔写着"劳动最有滋味——四（1）班"，我顿时满脸通红。看这笔迹，是我班周洁同学写的。面对处处严谨的校长，此时我真不知该如何向她解释。我能说什么呢？她曾三番五次地在班主任会议上强调，不能让学生违反校外纪律。尽管我也曾几次三番在班会课上教育学生应注意这些，可此刻，面对自己教育的失败，任何辩解都显得苍白无力。那一个个幼稚滑稽的红字，仿佛在瞪着眼戏弄我、嘲笑我，好强的我沮丧到了极点。

周洁，一个活泼好动、聪明乖巧的好学生，在她身上出现这种违反校纪、乱涂乱画的行为纯属异常。我及时找她个别谈话，她说无意中捡到一支红粉笔，当时也想到不应该这么做，但就是控制不住自己。也难怪，对她来说，雪白的墙壁是多好的黑板啊！

　　中午，我带着她认认真真地擦去了那行粉笔字。她从中彻底认识到了自己的过错，并反复保证下不为例，我相信她。

　　夜深了，万籁俱寂，独坐灯下，我习惯在灯下思考。细细回味白天的事，我心中不禁有所感悟。孩子都很有灵性，几乎每一个正常的孩子都有强烈的好奇心和表现欲，一旦得不到正常的发挥，他们就很容易失去自控。有好奇心应该是件好事，作为班主任，我应该及时了解这些，加以正确引导，比如可以在班上进行粉笔字表演或比赛。这件事给了我不少的启示。

最初的雄鹰是小鸟

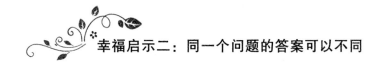

幸福启示二：同一个问题的答案可以不同

教育家孔子，被称为圣人。他的教育思想传承千年，仍光芒四射。孔子的学生很多，对每一个学生的脾气个性、长处短处，他都了如指掌。在向学生传授知识时，他根据每个学生的特点进行释疑解惑。

有一天，子路和冉有请教孔子同一个问题："听到一个很好的建议，是不是应该马上去做呢？"孔子对两人给出了不同的答案。他对子路说："怎么能马上就去做呢？你家里有父母兄弟，应该先听听他们的意见。"孔子却对冉有直截了当地说："没有什么好犹豫的，应该马上去做。"当时有个学生公西华正站在一旁，对孔子完全相反的两个答案想不通，就问孔子为什么对两个人的回答完全相反。孔子说："子路好胜，遇事轻率莽撞，所以对他要加以制止，让他小心谨慎做事；冉有胆小，遇事畏缩不前，所以要鼓励他勇敢去做。"

理学家朱熹将孔子的教育方法概括为孔子教人，各因其材，这就是所谓的因材施教。正因为孔子能因材施教，所以他能培养出三千弟子、七十二贤人。

如果将孔子说成是学校因材施教的楷模，那么孟子的母亲就是家庭因材施教的典范。《三字经》中有这样一句："子不学，断机杼。"讲的就是孟母因材施教。孟子小时候，学习很认真。平时孟子在学习的时候，母亲总是在一旁织布。有一次，孟子在背书时因为开小差走神而停止了背诵。母亲就拿起剪刀剪断了正织着的布，并语重心长地对孟子说："这个织物割断了，能够再接上去吗？"从此以后，孟子刻苦学习，最终成为堪与孔子比肩的大学者，被人们称为"亚圣"。

苏联教育家苏霍姆林斯基指出："每一个儿童的思维发展都有独特的道路，每一个儿童的聪明和才智都各有各的特点。每个孩子都是一个世界，完全特殊的独一无二的世界。"这个观点对教师是珍贵的，对父母同样也是极为珍贵的。世界上不可能有比父母更了解自己孩子的老师，有些教育只有父母能做到。

牛顿小时候在班上学习成绩倒数第一名，加上他总喜欢反复问一些奇怪的问题，因而被老师和同学称为笨蛋。但是牛顿很幸运，有一个善于发现自己孩子优点的母亲。正是在母亲的鼓励下，牛顿的思考能力和动手能力越来越强，最终成长为大科学家。事实上，很多被誉为天才的伟人，小时候在学校里都不被老师和同学看好，但最终他们的天赋能够得到激发，并一步步走上成功之路，关键就在于他们在成长的最初阶段得到了父母耐心的引导和鼓励。

同一个问题，最终的答案可以各不相同。孩子的成长需要等待，需要爱的浇灌。同一个孩子，面对不同的教育，最终的结果定然千差万别。

第三章

人之初，如白纸

人之初，如白纸

在人生的起跑线上，每一个孩子都洁净如白纸。伴着岁月的调色，白纸上的层次日见分明。在孩子最初的人生画卷里，一切都是明亮的、快乐的、无忧无虑的，就连沉睡时，他们的脸上都挂着满足的笑。

一支带牙印的自动铅笔

开学不久，星期一的下午，第一节写字课。一走进教室，我便感到气氛不同往常，坐在第一排的有名的捣蛋鬼"胖子"刘田脸红脖子粗，好像刚跟人吵过

架，坐在后排的几个同学还在窃窃私语。班长喊起立，我跟同学们互相问好。刚坐下，后边的王小磊便急不可耐地举起手。

"现在是写字课。"我提醒他先写字，有事可以等课后向我反映。可他似乎不理会我的提醒，反而更倔强地把那举着的手往桌子上顿了两下，看着那急得要暴出的双眼，我让他站起来说话。

"老师，刘胖子偷了我的笔。"那声音异常响亮。

刘田曾是个人见人摇头的角色。刚接手时，原先的老班主任便向我罗列过他的一大堆让人头疼的坏习惯。尤其这几年，父母离异，母亲改嫁，父亲远走他乡，爷爷奶奶又不愿接手管教，放任自流，老毛病发作在所难免。尽管如此，我还是只相信证据。

"有证据吗？"我问。

"有，不信您问洪心奎。"王小磊十分肯定地说。

我没说话，目光转向刘田。

"我没偷！"他马上很敏感地大声辩白。

我没有反驳，而是平静地看着他问："你可以告诉我这笔是谁给你买的吗？"我边问，边从他的文具盒里拿出那支被同学们认定是偷来的笔。

"这是我表哥星期天让我到他家去玩时，他送给我的。"

"你表哥读几年级？"

"也是四年级。"

"他在哪个班级？"

"他不在我们学校。"刘田回答得很干脆。如果这笔真是偷的，那么看样子他早有心理准备，马上让他承认并非易事，我不再多问了。

"洪心奎，你凭什么能作证？"我把注意力从刘田身上移开。

"那笔是上个星期我陪王小磊在校门口的小店花了5元钱买的，买了之后跑到教室里我让王小磊给我先写写，他不肯，我便夺过来说，不给我写我就咬坏它。那笔套上的牙印是我咬的，当时很多同学都看到了。"

我仔细一看，那笔套上还真有一道很清晰的牙印。

"你还有什么要说的？"我又把目光转向刘田。

"他的笔是新的，笔套是好的，可我这支笔的笔套是坏的，笔帽也断了，那牙印是我表哥给我时就有的。"

显而易见，他又在拿那个一时无法找来对质的表哥当挡箭牌。

我眉头一皱，计上心来。刘田不就是认为我一时找不到他表哥，那我就在他所说的表哥身上做文章。我沉思片刻，对刘田说："我相信那支笔是你表哥送你的，不过我家就住在你表哥就读的那所学校旁边，他的班主任我也认识，等一会儿我便到他的学校去找你表哥。如果他说这笔不是他送你的，那么你准备怎么解释？"

刘田顿时低下了脑袋，眼眶湿润了。见事情水落石出，教室里顿时群情激愤，有骂小偷的，有嚷嚷着让小偷滚出去的……

我没有马上责备他，而是让大家安静下来，并大声告诉他们："人总是会犯错误的，只要认识到错误，敢于改正错误，就还是好学生。"

同学中有不少人还在嘀咕："太便宜他了！"

课后我找刘田谈心，让他晚上好好思考。

第二天晨会课，刘田掉着眼泪向全班同学道歉，并朗读了他写的悔过日记。

语文书不翼而飞

早读课上，我发现王伟桌上只有一个文具盒，语文书却没拿出来。这种情况一般是不会有的，周一、周三、周五早读语文，大家每次都很自觉。王伟桌上没有语文书，肯定有原因。

我走过去轻声问："你的语文书呢？"他用牙咬

了咬嘴唇，小声回答我："昨晚放学回家我就没找到。"
说着，眼泪都要出来了。

"昨天放学时它在书包里吗？"

"不记得了。"他皱着眉头。

"那你最后见到它是什么时候？"

"中午，抄写词语时书还在，我记得把它放在了书包里。"他肯定地说。

语文书究竟去哪儿了呢？为了不影响同学们早读，我决定把这事放到晨会课上解决。

晨会课上，我对大家说："王伟的语文书昨天下午不见了，现在你们看看书包，有没有多余的语文书。"其实我知道，放进书包里的书是不可能被人误拿走的，但为了让那个拿书的同学有台阶可下，我应该这么说。

讲台下，同学们都在认真地翻看自己的书包。

"没有！""没有！"大家查完书包都朝我说。

"同桌互相查找一下。"我不得不严肃起来。

还是没有找到王伟的语文书。

"徐老师！"门外突然站着瞿进的妈妈，她手里拿着一本语文书。

我连忙迎上去。

"什么事？"我边问边看了一眼端坐在下面的瞿进。他红着脸告诉我，他妈妈手中的书可能就是王伟的。

"徐老师，今天早上我收拾瞿进的房间时，发现他的书桌上有本语文书，开始我以为是瞿进的，打开一看，原来是他同桌王伟的。我的这个孩子，粗枝大叶，把人家的书拿了回来。没书别人怎么上课？所以我就送来了。"她一口气说完，看那样子很真诚。我接过书，对她表示了感谢。

王伟拿到书，狠狠地瞪了一眼瞿进。同学们都盯着瞿进，瞿进把头低了下去。

中午，我向瞿进了解情况，问他为什么要拿王伟的书。他理直气壮地说："他上次借了我的橡皮，搞丢了没赔给我。"

"所以你就报复？"我严厉地问。

他惊了一下，两颗泪珠立刻滚了下来。

一个四年级的孩子，居然为一块橡皮而去拿别人的语文书，做出损人不利己的事。我帮他擦去眼泪，心平气和地说："王伟把你的橡皮弄丢了，他不是故意的，就算没有赔给你，同桌之间也犯不着为这点小事就伤了和气。友谊是离不开宽容和谅解的。你这样做不仅让王伟寒心，也让老师痛心！"

瞿进不出声，但听得很认真。我不厌其烦地教育他："你一定听说过马克思和恩格斯这两位伟人吧，我们教室的外墙上有他们的图像和简介。他俩十分要好，马克思生活困难，恩格斯就出钱帮助他；马克思从事写作，恩格斯总是帮助他；恩格斯要写作，马克思也往往放下自己的工作去帮他编写某些部分。他们从不为小事伤感情、伤和气，而是共同进步，一心工作，做出了一番伟大的事业。而你，平日里看上去和王伟很要好，想不到竟会在背后暗算他。"我说着忍不住摇头。

"我知错了，徐老师，您骂我吧！"

"知错就改还是好学生。你待会儿向王伟道个歉，以后对待任何同学都要真诚宽容。"他听了直点头。

"还有，你妈妈当真不知道你是故意拿王伟的书吗？"我又问。

"嗯！我没让她知道。"

"可见，妈妈是多么信任你，她完全没有想到你会故意犯错，你可再也不能辜负妈妈对你的期望了。"

他重重地点头。这件事，我不想让他妈妈知道，因为我相信只要我多注意、多提醒、多帮助他，瞿进一定能改好。

接下来我找来了王伟，他承认没有赔橡皮给瞿进。他以为自己和瞿进很要好，用不着赔。我耐心地教育他："把别人的东西弄丢了，在礼貌上是应该赔的，至于人家接受不接受，是人家的事。以后为人处事一定要细心，不能太马虎。"

"我懂了！"王伟响亮地回答我。

"你去找瞿进说说话。"我关照他。

"他已经向我道歉了，我们和好了！"他边说边跑出办公室。

看着他的身影，我不禁感叹：这些天真的孩子们，他们小小的内心世界何时变得这般复杂！

这件事给了我一个提醒：任何时候都不应低估孩子的思想，孩子的内心早已今非昔比。

勿以恶小而任之

语文课上，我发下白纸，准备让同学们默写词语。最后一组有六个同学，我就将六张白纸放到第一张课桌上，由学生自己往后传。

"徐老师，我们没拿到白纸。"不一会儿，最后一组的最后三个同学你看我、我看你，异口同声地叫了起来。

他们三个确实没拿到纸。我把目光投向这组坐在第三排的同学身上："周洁，你拿了几张白纸？"

"一张。"她回答。

我又看看坐在第二排的周龙龙："你呢？"

"也是一张。"他那样子挺诚实。

"我也只拿了一张。"坐在第一排的何兰抢着说。

我心想：那失踪的三张白纸一定在他们中的一个人身边。为了不影响上课，我另拿了三张白纸给最后三个同学。

整个一节课，我都在暗暗观察周洁、周龙龙和何兰。周龙龙心不在焉，有点反常，周洁、何兰很专心。我估计那三张白纸在周龙龙身边。

下课后，我把周龙龙叫到办公室，他承认多拿了三张白纸。

"为什么？"我问。

他沉默了一会儿说："下节是数学课，我的草稿纸用完了，所以……"

我严肃地说："草稿纸用完了，昨晚就应该准备。就算忘了准备，也可以直接跟我要，怎么能那样做？"

他低下头，连连认错。我放缓语速："徐老师知道，你一定后悔了。以后要按时准备好学习用品，千万别再糊涂了。记住，勿以恶小而为之！"

这虽然是一件小事，但留给我的思考却是深刻的：如果我不深入调查，重发三张白纸草草了事，那么对周龙龙来说就缺少了一次认识错误、改正错误的机会，无形中就等于纵容了他的错误行为。

古人云：勿以善小而不为，勿以恶小而为之。通过几张白纸，我想到育人者应该做到"勿以恶小而任之"。当学生犯了小错误时，不能视而不见、不闻不问、不管不教，更不能"小事化无"，而应该抓住教育的契机，对学生进行耐心的教育、正确的引导，使其认识到即使"恶小"也不可为。千里之堤，溃于蚁穴。如果面对学生的"恶小"放之、任之，视而不见，日积月累，势必造成教育的失败。

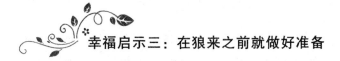

幸福启示三：在狼来之前就做好准备

教育孩子时，我们总会毫不例外地向孩子们讲《狼来了》的故事。然而不知何时，我们发现所有的孩子都学会喊"狼来了"。

每个育人者都希望自己所面对的孩子具有诚实的品德，而现实生活中，我们常常会被孩子的诸多谎言所激怒，有的家长甚至会对孩子大打出手。

我曾见过这样一件事：一个四年级的学生到别的班连偷了四个文具盒，当证据摆在他面前时，他依然死不承认，并继续撒谎，说是他自己买的。班主任责问了半天，他也毫不松口，直至请来了家长，他才在父亲面前支支吾吾地承认了错误。一个四年级的学生，说谎的恶习何以如此根深蒂固，这不能不引起我们的思考。

我们很多育人者，尤其是家长，对待孩子的撒谎常常非打即骂。许多事实证明，家长不去仔细调查分析孩子撒谎的原因，而不分青红皂白地斥责和打骂，只会事与愿违。

其实不管是孩子还是成人，撒谎的原因都很相似，一般都是为了得到好处；或是为了自我保护，在别人眼里变得更好；或是为了逃避责任，摆脱麻烦，躲避惩罚。很多时候孩子撒谎不一定出于本意，而是做错了事怕遭到家长的打骂。这种情况大多是由于家长平时的教育方法不当所致。比如，小明从妈妈包里拿了 100 元钱去游戏厅玩游戏，妈妈发现钱少了就问小明，并承诺只要小明说实话，肯定不打他。小明说出了真相，妈妈为了让他记住教训，照样打了他。从此，小明就不会再轻易相信妈妈的诺言了。那个偷了 4 个文具盒、人赃并获依然死不承认的孩子，就是这样培养出来的。家长希望用打骂来杜绝孩子的撒谎行为，显然是行不通的。

从上面的例子可以看出，孩子撒谎跟父母不恰当的教育方式分不开。有这样一次有趣的座谈，座谈的主题是"如何纠正孩子撒谎"。一位母亲的经验是警告孩子：如果撒谎，她就用剪刀剪去他的舌头。在座的很多人都认为这是一个不得已的做法。其中一位教育专家则对此提出了质疑，他问那位母亲："如果孩子撒谎，你就真会剪去他的舌头吗？"这位母亲说："哪能呢！你以为我疯了吗？"很显然，这位家长在用谎言来教育孩子不要撒谎。有很多家长正是这样在不知不觉地误导着孩子。小强的爸爸平时应酬很多，经常有朋友打电话约他吃饭，每次爸爸不想去的时候，就会在电话里跟人说很忙，正在开会走不开。次数多了，小强就会从爸爸的谎言中得到启示，认为撒谎不是坏事，只是一种应付的技巧。孩子的行为和思想受家长的影响很大，对父母的崇拜会使他们下意识地模仿父母的行为，接受他们的想法，学习他们待人处世的态度。所以要纠正孩子撒谎的行为，必须先纠正父母不当的教育方法。

　　撒谎是一种极坏的品性，它是许多恶习的根源。当发现孩子有撒谎迹象时，切不可掉以轻心。对有撒谎倾向的孩子，可以从多个方面来加以引导和纠正。生活中要相信孩子，跟孩子沟通以信任为前提，对孩子所说的话、所做的事，如果经常抱着怀疑的态度，那么孩子可能会用谎言对自己的所作所为加以掩饰。平时要尊重孩子，比如要允许孩子有隐私，再小的孩子也有秘密，非要让孩子说出秘密，无疑是逼孩子撒谎。对孩子交的朋友要加以关注，近朱者赤，要鼓励孩子多交诚实的朋友。父母要做好表率，诚实守信。孩子生来就如一张白纸，洁净无瑕。在孩子面前，如果父母的心是透明的，那么孩子的心也一定是透明的。

第四章

大张旗鼓不如悄悄地来

大张旗鼓不如悄悄地来

"养不教，父之过；教不严，师之惰。"在这样的教育信条下，我们的孩子不管在人前还是人后，一旦所作所为让父母或老师不满意，随时都会迎来"暴风雨"。孩子的心灵是不设防的，"暴风雨"很容易将孩子像瓷一般的自尊心击得七零八落。

反正我学不好了

语文课上，平时学习成绩一般、表现较差的王思明在课桌上玩橡皮泥，我"恨铁不成钢"，当即就在全班同学面前批评了他，说了他一大堆不懂事、不争气、不学好的话。当时总想这样严肃地批评他一通，也许能刺激一下他那懒散惯了的思维神经，让他反省一下不求上进的后果，进而产生上进的欲望。可接下来他的表现并没有如我希望的那样，反倒摆出了一副破罐子破摔的架势。

第二天，我把他叫到身边，他一开始不吭声，憋了半天才说了一句："反正我学不好了，就这样了！"

"你没有努力怎么就知道自己学不好呢？"我问。

"您批评我时就这么说的。"

听了他的回答，我蓦然感到自己教育方法的失当。我前一天过激的批评，非但没能使他渴望上进，反而挫伤了他脆弱的积极性。于是我改变了态度，诚恳地对他说："昨天我批评你的时候语气过重，其实你的头脑很聪明，反应也很快，如果你努力克服以前的缺点，专心学习，我相信你是会学好的。"

听罢我的话，他高兴地说："您能相信我，我就做给您看！"

此后的一段时间，他上课认真了许多，有时还抢着回答问题。只要他有点滴进步，我都会及时表扬和鼓励他。

通过这件事，我体会到越是后进的孩子，他的上进心越需要不断地激发，而大人们任何一句绝对的话都会轻易地挫伤那原本还不太强烈的上进心。批评孩子应该带着信任和鼓励，真心诚意、恰如其分地为其剖析原因，寻求解决方法，这样才不会适得其反。

两节电池

下午第一节写字课下课铃声刚停，陈其明便一步跨到我身边，嘟着嘴告诉我，中午他给床头的小闹钟买的两节电池在写字课前突然不见了，并特别强调说放在文具盒里了。看他那一副委屈的模样，我知道他说的是实话。

"谁捡到了陈其明的两节电池？"我故意把"捡"字说得很重、很长。同学们你看看我，我看看你，无人应答。无可奈何之下，我让大家打开书包，同桌互相看一看，然而，电池依然下落不明。怎么办呢？突然西南角上传来电池滚到地上的响声，两节电池还在地上打滚，显然是被谁刚刚扔下的。滚落的电池周围有好几名同学，根本无法从他们的表情中看出是谁扔的电池。怎么办？我灵机一动，大声说："有一名同学刚才把电池扔到了地上，我亲眼所见，为了保护他的自尊，我不告诉你们他是谁。我希望那名同学尽快找我承认错误，要不然，我就向大家宣布他是谁。"说完，我把两节电池交还给陈其明，径自走出教室。

第二节课结束了，没有同学来找我。第三节课结束了，还是没有同学来找我。一直到晚上放学，储依伊才垂着脑袋走进了我的办公室。我拍着她的肩膀让她道出事情原委，她胆怯地说："两节电池是我趁人不注意的时候从陈其明的文具盒中拿的，因为我的玩具缺电池。"

"你回家打开文具盒，发现钢笔不见了，你会难过吗？"为了开导她，我特意打个比方。

"会的。"她的声音很轻。

"所以无论什么理由，随便拿别人的东西是不对的。少先队员更应该诚实、正直，你明白吗？"虽然我的话很严肃，但我说话的语气始终保持着亲切。

"老师，我错了，您别告诉同学们，他们会笑我的。"她抬头恳求我。

"我说过我会保密的，但你必须向我保证下不为例。"

她点点头，好像心中的石头落了地，随即直了直身子，大声对我说："我向徐老师保证，从今以后再不拿别人的任何东西了！"

我搂住她的肩膀说："就冲你这么爱面子，我还有什么理由不相信你呢？"

离家出走

还有几天就要进行语文、数学期末测试了。在这之前，其他学科都要先进行测试，所以这几天，兼教自然课的我也着手对学生的自然实验操作——如何测定水的温度进行了考核。

考核结果令我满意，结果一出来，我就忍不住大声向同学们宣布："除了一名同学'及格'之外，其他同学全部是'良好'或'优秀'！"

当陈其明得知自己就是那唯一"及格"的人之后，马上就在课堂上哭开了。

我走过去为他擦掉眼泪，并告诉他："你有时间就到实验室去练习一下，三天后再重新测试，你的成绩就以第二次的为准。"然后我又对张丽说："你负责帮助他矫正实验动作。"张丽很乐意地点头，陈其明却一脸的不高兴，可能是担心再次考不好。

陈其明是个很要强的学生，尽管功课不是很出色，但他一直在努力，属于中等偏上的学生。只是他有时很调皮，缺乏自制力。这次的失败对于很爱面子的他来说，的确是个打击。

第二天早读课前，我去收家庭作业本，发现陈其明的座位空着。又等了几分钟，他还是没有出现，我预感事情不妙。

我立刻跑到办公室，翻开《班主任手册》，找到了他家的电话号码，迅速拨过去，可没人接。我又打他妈妈的手机，他妈妈说陈其明一早就背着书包上学了。当听我说陈其明根本就没来学校时，她火急火燎地一口气赶到了学校。

陈其明失踪了！

他妈妈一见我便自责起来："都怪我，他自然实验没考好，我得知后打了他一顿。他哭了一晚上，早上出门比平时还早，连早饭都没吃。都怪我，他爸爸又不在家，我不该这样对待他，这里又没有我家亲戚，这可怎么办啊？"她边说边擦眼泪。

我顾不得评说谁对谁错，当机立断冲她说："咱们分头去找，快一点！""我也去。"数学老师对我们说。

兵分三路，大家一起寻找陈其明。

一个小时后，我在立交桥下找到了陈其明。他正背着书包，无精打采地坐在地上扯着衣角。

我上前一把抓住了他，怕他飞了似的。见着我，他激动的泪水马上夺眶而出。我本想狠狠地骂他几句，但又怕再次伤害了他。

我把他带回学校，很快数学老师和他妈妈也都回来了。

"明明，妈妈错了，妈妈不该打你……"陈其明的妈妈激动地说。

在我的开导和教育下，陈其明谅解了妈妈，同时也认识到了自己的错误。

两天后，他的自然实验重考得了"优秀"，他的脸上露出了开心的笑容。

事后我想，陈其明的耐挫力太差，经不起困难，我觉得在以后的学习中，有必要好好地帮他一把。在这件事的处理上，家长的方法也欠妥，站在我们面前的还是孩子，对他们的教育需要耐心，不能偏激。动辄打骂，很容易伤及孩子的自尊。万一这次陈其明真的找不到了，他妈妈可是要后悔一辈子的。

门后躲着一个人

上作文课，我捧着作文本走进教室。教室里王波涛的座位空着，大概下了课只管贪玩，临上课才想到要上厕所，可能正在厕所吧。我猜测着，也没有问，就直接开始上课。

"今天两节作文课，我们学写信，好不好？"

"好！"同学们回答得异常响亮。这帮学生在我刚接手布置写第一篇作文时一个个都噘着嘴，半个学期下来，通过挖掘他们的闪光点，一个个听到写作文都很高兴。

"写信的第一步便是要掌握格式，如果不掌握格式，便会闹笑话。"为激发他们的兴趣，我随口举了个例子。

"不说别的，就日常生活中最平常的称呼在写信时就值得注意，比如我们班王波涛，他妈妈让他给他爸爸写封信，信写好了，写信封就有讲究了。如果收信人写成王某某爸爸收，送信的人看了就会不高兴，因为这里的称呼是送信人对收信人的称呼，一般应写'同志'，如果写'爸爸'，就成了送信人称王波涛的爸爸为'爸爸'了。"

听我这么一举例，同学们都忍不住笑了起来。正笑得起劲，我听到门背后传出似乎已憋了半天的"扑哧"一声，很快又没有了声音。咦，谁在听隔壁戏？我正纳闷，班长冷不丁站了起来。

"徐老师，门背后躲着一个人。"

八成是王波涛。我猜测着拉开门，果然看见王波涛正笔直地站在角落里，面冲着墙，脸憋得通红，似乎笑意未尽。

"来，你快出来，坐到座位上，听老师讲怎么给你爸爸写信，有什么事下了课再说。"

听了我的话，他不仅没出来，反而站得更直了，脸也不红了，显得极为严肃。

我感到奇怪。

"上一节什么课？"我问班长。

"科学。"当班长回答出这两个字时，我便感到之前的猜测有点臆断了，这年头早不兴体罚了，何况是全校师生心目中公认的最有耐心的教科学的即将退休的黄老师！

可事实摆在眼前。

"是老师让他站的吗？"

"不是！"很多同学都忍不住大声否决。

真奇怪，不是老师让他站的，我让他出来还不肯。

"老师，请继续上课吧，别耽搁了！"见我糊涂，很多同学竟对我催促起来。

"这怎么行呢？你们坐着，王波涛站着，你们于心何忍？"

"老师，您放心吧！他这是自愿的。"

"那也不行，要是让校长看到了，还以为我在体罚学生呢！"

"老师，您只管放心，我们大家可以证明。不信可以让校长问问王波涛，他到底是不是自愿的。"

"是真的吗？"我先试着问他。

他转过头来，冲我点点头，并轻轻地"嗯"了一声。

"是不是谁逼你了？如果是，你别怕，一切有老师替你做主。"我鼓励他说出事情的真相。

"不，都是我不好。上一节课，老师在讲怎么制作小船时，我忍不住玩起了中午买的蹦蹦球，一不小心球蹦到了地上，很快滚到了教室的外边，正好校长从走廊里经过，球被校长捡走了。老师，我上课不仅做了小动作，而且还被校长逮着了，我觉得自己影响了我们班的声誉，对不起我们班。下了课，同学们都埋怨我，要我给大家一个说法。我想站着上您的作文课，算对我的惩罚，同学们都说站着太显眼，不要再让校长碰到了，还以为是您在体罚我，所以我就想到了站在门的角落里。"

看着那一脸的诚实，我一下被感动了，不禁赞叹：多纯真的孩子啊！

"老师不怨你，听老师的话，回座位上好吗？"我拍了拍他稚嫩的肩膀。

他不再坚持了，默默地回到座位上，认真地听我讲课。

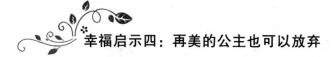

幸福启示四：再美的公主也可以放弃

很久以前，有一位美丽高傲的公主，很多男子都想和她结婚。公主说：谁能在她的窗前坚持站 100 个晚上，她就嫁给他。很多男士来到公主的窗前，然而很多人站了十几个晚上后就放弃了。又过了十几个晚上，只剩下一个小伙子还站在那儿。面对人们的嘲笑和讽刺，小伙子仍然坚持站在那里。

一个月后，小伙子依然站在那里。有的人开始用卑劣的手段戏弄他，但小伙子依然如故。两个月过去了，一天晚上，狂风夹着冰雹砸在小伙子身上，他的脸被砸肿了，但他依然坚持。虽然公主看都没看他一下，但其他人被感动了，他们来看望小伙子，原先嘲笑和戏弄他的人都请求他的原谅。直到 99 天过去了，当人们准备向小伙子祝贺时，他却一步一步向城外走去。人们追上去问他，为什么 99 天都坚持下来了，最后一天却要放弃？小伙子的回答出乎所有人的意料。他说："前面的 99 天，我把它献给了爱情，这最后一天只属于我的尊严。"

我国古代也有一个故事，有一年齐国发生饥荒，有个叫黔敖的富人，在路边施舍食物。一个饥饿的人用衣袖遮面走来，黔敖吆喝着给他吃粥。那人却说："我就是因为不肯吃嗟来之食才饿成这个样子。"黔敖表示歉意，那人还是不肯吃，最后饿死了。

上面两个故事可谓异曲同工，再美好的东西都无法与一个人的尊严相比。尊严与生俱来，很小的孩子就能敏锐地感到别人对自己的嘲笑、讽刺及轻视，于是常常以发怒、任性、固执、不听从大人指挥来表达他内心的感受。对一个人的真正伤害便是触及他的尊严。对孩子来说，尊严犹如覆盖于心灵之上的面纱，过滤着他对大千世界的每一点认知。因此，保护孩子的尊严是一个不容忽视的问题。往往一次无意的伤害会把孩子脆弱的心灵逼进死胡同。孩子因尊严伤害而产生过激行为的现象，在生活中屡屡发生。

尊严是一个人成长进步的助推器。华罗庚中学毕业后，因交不起学费被迫失学，不久又身染伤寒，留下了终身的残疾。为了有尊严地活着，他没有自暴自弃，而是顽强地和命运抗争。白天，他拖着病腿，忍着关节剧烈的疼痛，挂着拐杖一颠一颠地干活。晚上，他坚持在油灯下自学到深夜。1930年，他的论文在《科学》杂志上发表了，这篇论文惊动了清华大学数学系主任熊庆来教授。25岁时，华罗庚便成了蜚声海内外的年轻科学家。张海迪从小瘫痪在床，在残酷的命运挑战面前，她没有沮丧和沉沦，为了有尊严地活着，她一边以顽强的毅力和恒心与疾病进行斗争，一边发愤学习，学完了小学、中学的全部课程，又自学了大学英语、日语、德语和世界语，并攻读了大学和硕士研究生的课程。最终，张海迪成了人们学习的楷模。

尊严无比高贵，有尊严的人会像金子一样闪闪发光。1914年冬天，美国加州沃尔逊小镇来了一群逃难者，好心的人给这些流亡者送去食品，逃难者个个狼吞虎咽，连一句感谢的话都来不及说。只有一个年轻人除外，当镇长杰克逊把食物送到他面前时，年轻人问："吃您这么多东西，您有什么活儿让我干吗？"杰克逊说："不，我没什么活儿需要你来做。"年轻人神色黯然，说："那我不能没有经过劳动便白吃您的东西。"杰克逊想了想说："我想起来了，我家确实有一些活儿需要你帮忙。不过要等你吃过饭后，我才给你派活儿。""不，等做完了您的活儿，我再吃这些东西！"杰克逊只好说道："小伙子，你愿意为我捶背吗？"年轻人弯下腰，十分认真地给杰克逊捶背。后来，这个年轻人就留下来在杰克逊的庄园里干活，并成为一把好手。两年后，杰克逊把女儿玛格珍妮许配给他，并对女儿说："别看他现在一无所有，以后他肯定是个富翁。"果然不出所料，20年后，这个年轻人成了亿万富翁，他就是美国赫赫有名的石油大王哈默。

尊严最需要尊重。再小的孩子也是一个独立的个体，他有他的尊严，他需要尊重。当孩子意识到我们爱他、尊重他时，他就会认识到自己的价值。反之，当孩子犯了错误，我们不假思索地当众称他们为"坏孩子"，使

大张旗鼓不如悄悄地来

他们无地自容时，他们就会觉得自己的尊严受到了伤害，并在心里留下阴影，很多破罐子破摔的行为便会由此产生。尊重孩子不光需要我们弯下腰、俯下身，更要静下心，充满爱心地和孩子谈理想、谈生活。

第五章

孩子的心纯净如水晶

孩子的心纯净如水晶

眼睛是心灵的窗户，孩子的心是水晶做的，所以每一个孩子的眸子都是那么晶莹透亮。当感动的场景映入孩子的眼帘时，孩子的心会跟着感动。教育的最高境界，就是让人心动。时常给孩子信心，孩子的心底就会充满前行的力量。

好心做坏事

课间，爱打小报告的葛天力告诉我，教室前窗上有块玻璃碎了。

我立即赶到现场，发现碎片洒了一地，周龙龙垂着脑袋站在那里，张丽和王君君不声不响地扫着碎片，其他同学都围着看。

"是谁打碎的？"我问他们。

这意味着我们班的流动红旗泡汤了。

我把正傻愣愣地站着的周龙龙拉到身边，这事八成是他干的。

"你说。"

"我……楼上三（5）班的一位男同学刚才不小心把一个皮球扔下来了，正好掉在我身边，他要我帮他把球扔上去，我便使劲地往上扔。谁知扔歪了，球飞到了我们班的窗玻璃上，玻璃碎了。"周龙龙可怜兮兮地解释道。

"皮球呢？"

"被那位男同学捡走了。"

我正想着如何处理时，上课铃响了。

我正好没课，便上楼找到了三（5）班的林老师，把事情原原本本跟她讲了一遍，我确信刚才周龙龙的讲述一定是真的。

"是这样啊，下了课我去问问，是谁课间在走廊里玩皮球。唉！我强调过几次了，别在走廊里玩游戏，就是有个别同学收不住。这事我也有责任，我们班那个玩皮球的学生也有责任。"林老师很客气。

下课了，我把周龙龙"请"进办公室，接着，林老师也带来了那个玩皮球的同学。

"首先是你不对。"我对那个男同学说，"你不该在走廊里玩皮球，要是皮球掉下来掉在楼下哪个人的头上，是很危险的。另外，你不该让下边的同学帮你把皮球扔上去，扔不上去就可能会砸到人。"

那个男同学两手直搓衣角，耷拉着头，似乎在默默地流泪。

"其次就是你的不是了。"我把周龙龙拉到跟前，"你想帮助别人是对的，可不能帮他把皮球往上扔，要是砸碎的玻璃飞到人的眼睛里怎么办？"

周龙龙哭成了泪人，他大概感到很冤枉，想做好事却做成了坏事。对他的心情我很理解，但碎了的玻璃是一定要有人负责的。

"说吧，打算怎么赔？"我望着他俩。

"我赔！"那个男同学抬起头说。

"不！我比你大，我来赔！"周龙龙说。

"两人都有责任，下午等总务处来配了玻璃，看看需要多少钱，到时你们两个平摊，怎么样？"看他们都敢于承担责任，我给他们提出建议。

事情很顺利地解决了，但它的启示却是耐人寻味的。好心有时会干坏事，这种事常常会在孩子身上发生。如何引导才能既不影响孩子天生友好的善意和良知，又能使孩子认识错误并承担责任，值得思考。

我就想看您高兴

赵南是个后进生，听写生字总是得不到"优秀"，有时还会弄个"及格"或"不及格"。据同学们反映，他以前就一直是这个样子的，从没好过。

我并不灰心。为了增强他的信心，让他有进步，我想方设法地找时间辅导他、鼓励他，他非常听我的话。好长一段时间，他都未得"不及格"，只是效果还不显著。

突然有一天，他听写的生字居然全对。我仔仔细细从头到尾将所听写的十二个词语的每一个笔画都看了几遍，欣喜若狂地在后面写了个"优秀"。

下午放学时，我在班上公开表扬了赵南，同学们也都为赵南有这样的进步深感高兴。赵南也很得意，只是在我表扬他时，他的手和脚很不安分地乱动，我猜想他可能是太兴奋了。

"徐老师，我不相信赵南能得'优秀'，太突然了！"心直口快的周洁突然站起来提出疑问。

我让她坐下，对大家说："请赵南同学在黑板上写给大家看。"

令我不解的是，赵南似乎并不愿意上来写，走起路来慢吞吞的，双眼胆怯地注视着我。

"第一个'荒芜'。"我开始报词语。赵南写对了。

"第二个'灌溉'。"赵南把两个字写反了，写成了"溉灌"。下面的同学窃窃私语。

"第三个'全神贯注'。"我不动声色地接着报词语，赵南却不写，显然他写不出来。

"你怎么了？怎么写不出了？"我很诧异。

"就是，怎么写不对了？"有同学在下面小声附和。

赵南垂着脑袋低声说："在下面写字的时候，我作弊了。"

"作弊！怎样作弊？"我追问。

"我把不会写的词语都抄写在橡皮上，听写的时候趁您不注意就照上面抄了。"

"你怎么能做这样的事？"我很生气。难道这就是我三天两头对他特别教育的结果吗？我真想把他拎出去或狠狠地批评他几句，可深吸一口气，转念一想还是冷静点好。

"橡皮呢？"我强压住肝火。

赵南走回座位，从文具盒中取出一块橡皮交到我手上。好大的橡皮！上面还依稀可见几个词语。

同学们都鄙视赵南。

我让他回座位，对大家说："无论如何，作弊是不对的。赵南一时糊涂犯下了这个错，我要对他进行单独教育。现在放学，请赵南留下来。"

同学们走了，教室里只剩下我和赵南。

"你说，为什么要这么做？"我问他。

"您对我那么关心，中午有时间就帮我辅导，可我就是不争气。我是想写好了让您开心开心。我不是成心的，我就想看您高兴。"

"你这么做我会开心吗？我能高兴吗？我只有难受，只有为你痛心。"我的心情变得复杂。

"对不起，我保证以后不再犯了。徐老师，您原谅我吧。"他的声音很脆弱。

我看着他，心里明白，这个孩子本性不坏，或许是我对他的要求太高、期望太高，给他造成了巨大的压力，要说错，我也有责任啊！

我原谅了他，告诉他："学习要靠自己，学习是为了自己，以后要多努力。徐老师还会帮助你，你别怕，慢慢来，不要太着急，持之以恒就会进步。"

他默默地点头。

把他送回家，已是黄昏时分。我漫步在回家的路上，思绪万千。对于这件事，我意识到自己有两个失误：一是对赵南的转化过于性急，急于求成；二是听写时太大意，没及时发现赵南作弊。我觉得，接下来对赵南的帮助方式有必要改一下了。

谁也不让我拉衣服

刚接这个班时，曾教过这个班的刘老师就告诉我，班上有个同学目无纪律、个人卫生差，让我多盯着他点，他叫李海。

刚开学的一个星期，我仔细观察、了解每一个学生。李海，一个留着稍长头发、指甲脏脏、又喜欢捣乱的男生，他太调皮了。或许正因为如此，我发现同学们都对他爱理不理，不喜欢跟他玩。

我为此专门找李海，单独跟他谈了两次话，可他似乎听不进我苦口婆心的教育。

一次活动课上，我和同学们一起玩老鹰抓小鸡，游戏分三组。正玩得高兴时，我发现李海居然站在操场的角落里，显得有些孤单。

我走过去微笑着对他说："李海，去和大家一起做游戏吧！"

"啊……"李海惊讶地抬起头，"我刚才想跟他们玩，可谁也不让我拉衣服，也没有人愿意拉我的衣服。"

"是吗？我不相信。"我故意这么说，然后走过去拉着他的胳膊向操场中央走去。一向调皮捣蛋的他，脸竟然红了。

"同学们，我们请李海到我们这组来参加游戏，好不好？"大家看看我又看看李海，愣了一下，才异口同声地喊道："好！"

游戏开始了。我当鸡妈妈，让李海拉住我的衣服，他伸出了手，又马上缩了回去，显得很拘谨。我回头用鼓励的目光看了他一眼，他才又伸出了手，紧紧地拉住了我的衣服。渐渐地，他不再难为情，而是跟其他同学一样，时而欢呼，时而雀跃，玩得很尽兴、很开心，大家也似乎早已忘记了他是个捣蛋鬼。

第二天，我发现李海变了，手指甲那么干净，上课也那么专心。在接下去的一段时间里，他跟以前判若两人，同学们在我的带领下也不再疏远他了。

以前我对他进行过两次说教，结果都不理想。这次我只给了他一点很平常的关怀，想不到效果竟会如此好，或许这就是集体的力量、爱的力量。

老师，您很少看我

班上的鲁大飞，性格外向，成绩平平。老师布置的任务他很少能及时完成，还经常故意闹别扭。老师让他回家好好背课文，他就是不背；让大家轻读，他偏要读得最响；要求作文当天交，他非拖两三天。有一次，一篇作文他写了一个星期都没写完。我实在有点火了，请他站起来，问道："你为什么老是这副样子？坏习惯能不能改一改？为什么不求上进非要当老油条……"

面对我一连串的责问，全班鸦雀无声，大家都冷冷地看着他。他低着头，噘着嘴，不时抬一抬眼皮，偷偷地看我一眼。我的心便软下来，觉得自己好像把话说过头了，但我没有道歉，而是继续上课。其实上课时我的心仍放在他身上，我的目光曾多次投向他，想以友好的眼神缓解一下他的情绪。然而一直到下课，他始终都耷拉着脑袋，没有看我一眼。

他对我过重的批评产生了强烈的逆反心理。

下课后，我没有马上离开教室，我设想和他沟通一下，以免他把眼前的坏情绪带入下一节课。我走近他，他却把头扭向一边，对我视而不见。我只好让他跟我到办公室谈话，谈话的结果着实令我震惊。

在办公室，我就上课时对他过头的批评进行自我检讨。他一下子就消除了对我的误会，还主动向我敞开心扉，说出了心里话。

"徐老师，我想问您，您是不是只喜欢成绩好的同学？"

看得出，这是在他心中已郁积了多时的疑问。我有点儿吃惊，问他为什么这样想。

"上课时，您的眼光总是看别人，很少看我。"

真想不到他竟会这么敏感。

"我每次故意闹别扭，不遵守纪律，就是想多引起您的注意。"他说完脸红了。

哦，问题原来这么简单！我却从来没有想过，正是我的粗心让他在心中郁积了对我更深的误解。

经过交心，我们原谅了对方。但他那一句"您很少看我"却一直留在了我的记忆里。我深切地体会到，后进生比优等生更希望得到老师的爱护、关心和尊重。老师在课堂上爱护学生的一个躬身的动作、一束信任的目光、一句温暖的话和一张和蔼的笑脸，都能引起学生的情感共鸣。只有对学生有了深厚的爱，并把这种爱传递给学生，学生才能把你当成最可信的朋友，并毫无保留地将自己心灵的大门向你敞开，真诚地把

孩子的心纯净如水晶

内心的秘密告诉你。

爱是联结心灵的纽带，唯有通过它，我们才能真正走进孩子的内心世界。

从心里到眼里都是温暖的

黄小达又被我领进了办公室，他这次犯的错误跟以往不一样。事实上他每次都翻新花样，而且一次比一次别出心裁。他上课的时候用镜子照后面的女生，吃饭的时候偷夹人家碗里的肉排，下课的时候在教室里高吼《桃花朵朵开》……

这次，他破天荒地做了一回"好事"——帮同桌叶子系鞋带。我问他为什么要给人家系鞋带，他的理由挺充分："叶子的鞋带开了，我是她的同桌，帮她系一下不对吗？我是一片好心。"

可就是因为他的"一片好心"，叶子下课的时候刚一起身迈腿就栽倒在地上。如果不是她机灵地伸手扶住了课桌，大概会摔得很惨。

"你怎么能把两只鞋的鞋带系在一块儿？"我努力压住已经冲到喉咙口的愤怒，瞪着眼睛问。

黄小达抓抓头发，装腔作势地埋怨自己："我真笨，连鞋带都不会系。"

“你是故意的。”我加重语气，“要是叶子的尾骨摔断了，你负得起责任吗？”

“她的骨头不是没断吗？这说明我是有分寸的。”

我一下站起来，眼睛盯住他：“你还狡辩！”

黄小达一震，避过我的眼神，闷下头去。

“写检查！”我扔给他一支笔和一个抄写本，“你就在这儿写。”

黄小达抿抿嘴巴，抓起笔往头发里挠：“真写啊？多少字？”

“字多字少无所谓，关键是认错的态度要诚恳。”我敲敲桌子。

黄小达想了想，听话地掀开抄写本，在第一页的第一行正中写下了“检查”二字。

我见他服软，便坐下翻开一叠作文本认真批改起来。

过了一会儿，我抬起头看见黄小达正写得兴致勃勃，便随手把抄写本拿过来看。这一看，我顿时就懵了。他什么都没有写，只在“检查”二字的下方画了一双眼睛，一双大大的眼睛。看得出，那是一双严肃的，甚至是愤怒的眼睛，那眼神令人害怕。

我立刻预感到了什么。

“老师不要生气！”黄小达说，“虽然我画的是你的眼睛，但我并没有画错，你的眼睛本来就是这样的。"

"我的眼睛……真是这样的？"我感到震惊。

黄小达喃喃地说："当我犯错误的时候，您的眼神是凶巴巴的；就算我不犯错误，您看我的时候眼神也是凶巴巴的。"

黄小达天真无邪却发自内心的话给了我沉重一击。我从来不知道，在黄小达的眼里，我竟有这样一双冷酷的眼睛。其实我一直心存温暖，并试图用自己的温暖去感化身边的孩子，即使我的言辞有时偏激，即使我的要求有些严格，那也是"刀子嘴，豆腐心"，我的内心是那么热爱他们。然而，黄小达笔下的眼睛使我警醒，原来在不经意间，我用一颗温暖的心，通过一双冷酷的眼睛伤害了身边的孩子们，尤其是黄小达。

或许对于黄小达这样的孩子，要唤回他的善良和纯真并不难，只要让他从我的眼神中感受到爱和温暖。于是，我决定改变，我要让自己从心里到眼里都是温暖的，这样的温暖才能打动人，才能影响人。

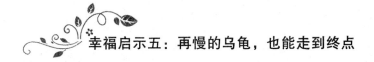

幸福启示五：再慢的乌龟，也能走到终点

在校园里，并不是每一个孩子都是快乐的，有的甚至称得上是可怜，这可怜的人就是"差生"。

"差生"是在校园里极易听到的称呼。在办公室，常听到老师在议论，某某某朽木难雕，谁谁谁愚不可教。同样还常见到一些孩子可怜兮兮地站在他最"尊敬"的人跟前，低着脑袋，掉着眼泪，听着奚落。

每当面对上述情形，我的心底便特别难受。要知道，差生一旦变成一种评价，那它就会由一种普通的称谓变成一条残酷的鞭子，它所鞭及的不仅是一个孩子稚嫩的脸庞，更多的是对幼小的心灵所带来的一种残酷的摧残和折磨。为此，在我的学生观里找不到"差生"这个词，而只有先进和后进。先进，只代表暂时领先一步；后进，同样也只代表暂时掉了队，一起来给他加把油，虽然他一时还赶不上先进，但最终也会到达终点。

记得有一次开家长会，面对那些因自家的孩子与别人的孩子相比有较大差距，而显得甚是急躁又无可奈何的家长，我没有显出急躁，而是请他们先环顾一下周围的成人世界，思考一下，在如今的事业有成者中是否就没有一个是昔日的差生？敏感的家长从我的问话中，不仅体会到了一个教师的善意，更和我一样看到了孩子的希望。

"我的学生观里没有差生！"

"既然承认站在我们面前的是孩子，那就相信他总有开窍的时候！"

…………

那次家长会上，我的心情甚是激动，一个在我心中蕴藏多时的观点，赢得了家长们一次次发自内心的共鸣。

事实上，如果我们能客观而全面地分析对待每一个孩子，就会发现"差生"的称谓是多么不科学。学习成绩不良，并不等于一切都坏。原国家教委总督学柳斌认为，淘气的男孩是好的，淘气的女孩是巧的。对六至十五岁的学生就去确定是否可以培养为"差生"或"优生"，实在为时过早。

轻易把学生分出"优""差"，实则是老师对实践完美教育艺术缺乏信心而宁愿放弃的表现。凭良心说，一旦孩子被划入差的行列，受到的待遇便是不公正的。不说别的，与优生相比，虽同在一个教室，但老师最简单的微笑、友好的注视，对差生来说也是难得能享受到的待遇。为什么老师不肯向差生露出笑脸呢？一种通常的理由便是恨铁不成钢。殊不知，对后进学生来说，在自卑尚未彻底占领整个心灵的时候，那仅存的最后一点求知的火星很轻易被我们所暴露出的尖刻、粗暴、冷漠等不信任的态度所湮灭。一旦孩子自暴自弃，铁了心甘为差生，那我们再怎么恨也绝对恨不出钢来。最终的结果只能是恶性循环，我们无计可施，孩子无药可救，一个个本来还有希望的孩子成了真的差生。

每一个孩子都有向善向上的愿望，这愿望像阳光照亮着他所关心的世界。在成长的道路上，他以无比信任的心情把这个愿望交给了他心中所敬重的人。对孩子来说，能碰到一个好老师的确是一生的幸福。每一个家长都希望教自己孩子的老师个个是好老师，可理想中的好老师毕竟不多。如果当你的孩子很不幸地被老师划入差生的行列，这时孩子最需要的就是你能赶快把他心中已经暗淡、可能会熄灭的上进之火拨一拨，让火苗重新高高燃起。反之，如果你也跟孩子遇到的老师一样，一叶障目，相信你的孩子是差生，那么你无异也成了把孩子逼进死胡同的帮凶。从此，在孩子的面前，最基本的知识对他来说也将变得复杂，因为缺乏自信心会像一堵墙一样挡住孩子通向认知的道路。

称职的父母和老师是激发孩子学习兴趣的高手。人的力量和可能性是不可穷尽的，一个孩子可能一年都没能把某种知识弄懂、弄会，可是终会有一天，他会恍然大悟。正如再慢的乌龟，也能走到终点。

第六章

孩子都是软耳朵

孩子都是软耳朵

大人听到好话，耳朵根会发软。孩子更是软耳朵，几句好话就能让孩子热血沸腾，干劲冲天。孩子个个都是软耳朵，个个都爱听好话。跟孩子打交道，将话说到孩子的心坎里，他们的真心接受会让我们感动。

书店偶遇

我喜欢逛书店，一有空便去。星期天，我来到新华书店，捧起一本散文集，兴致勃勃地翻阅起来。

"买，我就要买！"一个熟悉的声音打断了我的兴致。我的目光随着许多人一起投向收银台，只见我班的陈其明正扭着身子在对一位中年妇女叫嚷，我曾见那个中年妇女到学校来参加过家长会，估计就是他妈妈。

"家里那么多书，买了你都没看，这次你会看吗？"他妈妈说话的声音很大。

"我保证，这本《十万个为什么》买回去，我一定逐字逐句地看完。买吧！"陈其明不断地恳求着。

最终，妈妈敌不过孩子的恳求，买下了那本《十万个为什么》。陈其明如获至宝，兴高采烈地捧着书拉着妈妈走出了书店。

他并不知道我正看着他。

我不由自主地走到少儿类书柜边，翻起了陈其明买的那本《十万个为什么》第一系列，里面详细而生动地介绍了许多动植物的生活习性。我大体浏览了一下目录，发现这是本好书，不禁暗暗赞叹陈其明有眼光。

过了两个星期，我到班上上自然课，讲到旗鱼、金枪鱼、乌贼、章鱼、比目鱼、带鱼、鲸是不是鱼时，葛天力突然举手问我："徐老师，比目鱼的眼睛为什么会长在同一边？"这个问题对我来说很简单，可我有意把回答的权利交给了下面的同学，因为我知道，他们喜欢看课外书，也喜欢看少儿节目，那里面也许出现过这个知识点。

"我说，我说。"教室里举起许多只手。知道的人还真不少，我突然想起《十万个为什么》里有这个问题。看看陈其明，他并没举手。我知道，他又是买了书没看完，否则不可能不知道答案。

我想了想，故意为难他："陈其明，这个问题你来回答。"

他缓缓站起身，抬起头说："我不知道。"

"你有《十万个为什么》第一系列这本书吗？"我问。

"有。"他点点头，皱了皱眉，好像在问我，"您怎么知道我有？"

"据我所知，那本书里讲到了这个问题。"

"徐老师，那本书我……我才看了十几页。"他不得不承认。

我让他坐下，好好听别的同学回答。

下课后，我把他带到办公室，耐心地问道："你是不是没有时间看那本书？"

"不是，是我不愿看。不知为什么，我一拿到书看几分钟就没耐心了。"

我拍了拍他的肩膀，对他说："陈其明，知识是要靠平时一点一滴积累的，有了书就应当充分利用起来，这样你才能成为一个知识渊博的人，一个有底气的人，一个受人尊敬的人。如果买了书不看，既浪费爸爸妈妈的钱，也对不起自己！你说呢？"

"可我就是没耐心。"看得出他还是很想学点儿东西的。

"耐心是培养出来的。你今天看五分钟，明天看十分钟，后天看十五分钟，这样一天天坚持下来，你就会被书中的知识所吸引，自然就会对书爱不释手。"

"那我试试。"他点点头。

"在适当的时候，你向我汇报进展，好吗？"

"好！"他信心十足地离开了办公室。

又过了两个星期，他捧着《十万个为什么》跑到我身边："徐老师，我看完书了，不信您提问吧！我准能回答出来。"

看他一副自信的样子，我故意说："你回去背了？"

"没有背，我看得很仔细。"他一本正经地回答我。

"以后看其他课外书你也会有这样的耐心和细心吗？"我有意引导。

"会，因为书里的知识真是太丰富了，我很喜欢。"

他一脸的兴奋。我没有提问，因为我完全相信他说的话。

教育的力量是巨大的，教育的艺术更是高深的。一次书店的偶遇，让我了解并帮助一个孩子爱上了阅读。

"加分"大法宝

班上同学最喜欢听到的两个字是"加分"。加分这一招在班级常规管理中十分奏效，灵活使用这一招，可谓掌握了一大法宝。

刚当班主任那阵，为了使学生一切行动听指挥，我常用拍马屁、戴高帽子的办法。久而久之，学生就不吃我那一套了。为此，我总想寻觅高招。终于有一天，我从学校对老师考核采用加分制中悟到了办法，屡试不爽，收效极佳。

到现在接手的这一茬学生，我的加分招数已被我演练得甚是完善，成了一帖让学生听了觉得比表扬更受用的精神兴奋剂。其实加分之妙并不在分，妙在加到一定的分数段后，便以资鼓励。

为使同学们普遍能享受到加分鼓励，我一方面广辟加分渠道，使加分领域拓展到无处不在，如做好事可加分，学习自觉可加分，为班级争光可加分等等。同时不断变化加分手段，设个人分、小组分、集体分。

分数大小也因事而定，小到1分，中到2分，大到5分，通常加1分，5分则是极不容易得到的，除非对班级做出了特别贡献。加分累计满十分，便可向我申请奖励，奖品为一本由我亲自颁发并签有我名字的练习本。奖品虽然普通，可每当有同学从我手中接过本子时，我可以明显察觉到他心中的荣誉感。自然，这也成了拿不到本子的同学最羡慕的一件事。

实行加分制以后，班上人人都争做好事，同学们常叹息抢不到做好事的机会。原来最让任课老师头痛的班级，很快就旧貌换新颜，成了让老师们上课感到最得心应手的班级。不少老师说，到我们班上课，要活泼就活泼，要有趣就有趣。

快到期末了，为促进共同提高，全面巩固基础知识，我充分发挥秘密武器"加分"的强大威力，把平时难得使用的小组分列入常规使用武器。明确规定，在背诵、默写中哪一组整体完成得最出色，便可以集体加分，分数幅度也由平时常用的一分制升为两分制。这样一来，一些学习较懒散的同学往往因拖后腿，在小组中成为众矢之的，被列为帮扶对象和专政对象。

这天复习古诗，为检查背诵效果，限于黑板长度，我建议每一组抽一半同学上黑板默写。原则上一对同桌协商出一人，累计错别字最少的小组，每人加2分，不上黑板的组员也有份。大多数同学对我的建议赞成，唯独第一组有意见。别的组每对同桌总能选出一个让全组人放心的同学，唯独第一组第一排座位上的王波涛和沙青让全组人难住了。谁都清楚这两个人基础在班上倒过来数一数二。当初排座位时，基础差的一般都搭上一个基础好的，王波涛原来坐在沙青后边，后来因为他爱做小动作，我便把他调到了眼皮底下，与帮助沙青的同学对调了一下座位。这次要从他们中选出一个来为小组争光，实在是难为他们了。可规定既出，驷马难追。当那个组同学提出能否换一个人代替他们中的一个时，我没有同意，因为我觉得这样的比赛对平时不努力的同学无疑是一次很好的触动。

　　毫无悬念，比赛结果是：第一组因王波涛的上场而失去了每人可加2分的大好机会。比赛结束，当别的组因为每人加2分而兴奋不已时，坐在王波涛后边的同学气得直踢他的屁股。王波涛则全然不顾，把头低低地埋进打开的课本中。

　　看着王波涛一脸的惭愧，我问他从中有没有得到什么启发。他抿着嘴点点头，竟恳求我明天能不能重新默写一次。难得他有这个想法，我答应了他。

　　第二天，我让他一个人上黑板默写，虽然他写错了一个字，但同学们都认为已经不简单了，鉴于他的进步，同学们都提议破例给他加 1 分。

期末考试，正好考到默写的那首古诗，王波涛一字未错。

黑板上的"加油站"

我们班的板报很有意思，要是你第一次步入我们班的教室，相信有一个栏目会让你过目不忘，那便是"加油站"。那一栏里，每一期都有学生自编的分外有趣的打油诗。随意摘录一首：

万坚万强要起早，

王波涛上学赶快跑，

刘田写字勿潦草，

鲁大飞作业要按时交。

见我们班的板报每次都被学校评为优秀，有的老师不免向我讨教，甚至有的老师怀疑我越俎代庖。其实我的原则是少干预，甚至是完全放手。因为我认为，板报是学生难得一展才华的天地。在这块天地里，应该让他们自由发挥，否则，过多的包办会使板报失去应有的意义，还会扼杀同学们的创意。

至于"加油站"的设置，也有一段来历，称得上是集体智慧的结晶。

刚开学，我见全班同学基础差异较大，便实施传统的"手拉手、一帮一互助工程"。开始一个阶段彼此都有新鲜感，一个拉得起劲，一个赶得卖力，真有比翼双飞之势，全班一片蒸蒸日上的喜人景象。可好景不长，一个被拉烦了，一个更是帮怕了，结果一个气得撒手不管，听之任之，一个则我行我素，原地打转，成了推不动的大象屁股。我也无计可施，常常干着急，可再急也不顶用。学生喜欢新鲜，包括对他的批评，老是那么几句，一旦耳朵里听出了茧子，就会当成耳旁风。结果就是今天这个老师告状说鲁大飞作业老是完不成，明天那个老师说刘田的字像鬼画符……正在我一筹莫展时，班上好强的班委们在班长的带领下，主动给我出了一个好点子。

　　这天放学前，我把近期班上不好的现象罗列了一下，自然好几个后进生都被我点了名。批评完，同学们开始默默地收拾书包，见有几个同学慢慢吞吞，我说了句："别磨磨蹭蹭，拖拖拉拉的习惯不好。"

　　这时，班长张丽向我招手，我便走了过去。

　　她在我的耳边说："老师，我们负责出板报的同学想留下来开个会。"

　　"可以。不过你要组织好。"我一直对此类事抱不干涉的态度，给学生充分的自由。

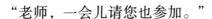

"老师，一会儿请您也参加。"

"有什么事吗？"

"暂时保密，反正到时您就知道了。我们有重大事情请您定夺。"

我不再多问了，示意其他同学排好队伍，准备回家。

待同学一走，几个出板报的班委便自觉地聚到班长身边，神情严肃地坐了下来。班长请我到她的对面坐下。看这架势，这次会议早已筹划多时了。不过究竟要我定夺什么大事，我一时还摸不着头脑。

要说班里几十个人，就数班长最老练，像一个小大人。刚接手时，看她其貌不扬，还真有换个人的想法，只是考虑到她已是老资格的班长了，便决定先观察一阵再说。可没几天，她便充分显示了她的过人之处，赢得了我的信任。

"老师，我们有一个建议，不知您会不会同意？"会议在班长向我的试探中开始了。

"你先说出来，好不好我们大家来商议。"我鼓励她。

"我们设想从这一期板报起新创一个栏目。"在她说话时我见有同学在偷笑。

"什么栏目？"

"这是文艺委员潘清提出来的，还是请她来说吧。"班长卖起了关子。

"不，不……还是请班长说吧，也不是我一个人想出来的。"大概是我在场的缘故，潘清腼腆地推辞着。

"大家不要客气，我们今天开会为了一个共同的目标，谁说都一样。为了抓紧时间，我看还是张丽替大家说吧。"为了速战速决，我干脆直接点将。

"针对最近我们班几个同学不求上进、老毛病发作的情况，我们想在板报上开辟一个'老油条'栏目，把他们的名字都写上去，出出他们的洋相。"班长有板有眼地说出了计划。

"'老油条'，真贴切！"我心中真想叫好，可转念一想，这样直白肯定会伤害个别同学的自尊心。对学生的教育，一旦方法失当，有可能会给他们留下一辈子都难以抹去的阴影。但对班委急班级所急，主动关心班级的想法我也不能否定。为此，我肯定地对他们说："你们的想法很好，老师很欣赏。不过老师另外有一个建议，能不能不这么直接称'老油条'，以免有的同学自尊心会受不了。"

听我说得有道理，他们都点了点头，认真地陷入了沉思。

见时间不早了，我便让他们把这个问题带回去思考，约定第二天中午再碰头讨论。

晚上回家，我刚端起饭碗，电话铃响了，原来是班上人称小机灵的葛天力打来的。

"老师，我想到了。"他的语气很急。

"你想到了什么？"

"今天放学后，爸爸带我到姑姑家去吃晚饭。半路上，爸爸把汽车开进加油站加油，我就想，要是把'老油条'栏目改成'加油站'栏目，不就符合您的意思了吗？所以一到姑姑家我就急着给您打电话。"

"加油站"，多好的名字啊！既不伤害学生的自尊，又能达到教育的目的。我非常高兴地在电话里表扬了他。

第二天晨会课，我故意把班委们要在板报上开辟"老油条"栏目的打算跟同学们通了个风。话一出，就见平时那几个学习不自觉的同学一个个中计，把头埋得低低的。

当我再把葛天力的想法跟大家说起时，同学们一个个拍手称好。昨天留下来开会的班委更是对葛天力竖起大拇指，连声称"高"！那些险些被划进"老油条"行列的同学，此时也一个个抬起头，争着表示愿率先进入"加油站"加油。从此，"加油站"便成了我们班板报中的一个常设栏目。

继"加油站"后，同学们又创设了"龙虎榜""我最棒"等一个个小栏目。

如今，每当我留意"加油站"的时候，便有一种体会：教育的艺术是没有止境的。老师虽然能摸到学生的心理，但最了解学生的还是他们自己。他们的创造力、想象力一旦得到应有的引导和尊重，便可为班级在营造积极向上的氛围中发挥不可估量的作用。

一颗舍不得吃的棉花糖

如意总是不举手回答问题，她性格内向，不爱表现，总是那么默默无闻，学习成绩一般。尽管我一直在课上对她大加鼓励，但她还是迈不过胆小这道坎。

这天上午，班上举行了一次古诗背诵比赛。为了鼓励大家，我事先承诺过，背出 200 首以上就可以获奖。结果有 20 多人成绩在 200 首以上。文静乖巧的如意一口气背出了 198 首古诗，差 2 首就能获奖。我发现她有点儿沮丧。我和大家一起按各人背出的古诗数量评出了一、二、三等奖和优胜奖。评了奖当然得发奖品，虽说以精神奖励为主，但物质上的刺激还是少不了的。我决定自己掏腰包。奖什么呢？练习本？学生书包里都有一沓！小玩具？六年级学生不会喜欢！最好是钢笔，可是价格不菲。中午，我在超市搜寻，无意中发现了那种好看又好吃的棉花糖，决定将它作为奖品。

下午放学前，我在班上举行了隆重的颁奖仪式。学生们对棉花糖的喜爱程度出乎我的意料，他们欢呼雀跃，高兴得不得了。在热闹的气氛中，我注意到，仅因两首之差没有获奖的如意坐在座位上低着头，一副很不高兴的样子。我知道，她一定伤心极了。本来就胆小内向、受不了打击的她，这以后可能对自己更没信心了。我决定鼓励鼓励她。

放学后，我把如意单独留在教室里。如意开始像犯了错似的不敢看我，以为我要批评她。我坐到她身边，微笑着轻声说："如意，你背出了198首古诗，非常了不起！"她怀疑地抬头看了我一眼，又低下头。"我觉得一个人做任何事，只要尽自己最大的努力，不管结果如何，就应该算很棒了。你已经尽力了，我决定奖励你一颗棉花糖！"我轻轻地把一颗棉花糖放到如意的手里。如意笑了，什么也没说，只是双手紧紧地攥着那颗糖。

似乎这件事就这么过去了，我并没有奢望它给如意带来多大的转变。但是第二天，令我意想不到的事发生了。我正在批阅学生前一天写的日记，很多学生在日记中都提到了棉花糖事件，或表示得意，或表示以此为动力继续努力。而一向不愿祖露心声的如意居然写道："今天，我背出了198首古诗，没有获奖，但老师奖给我一颗棉花糖。我知道，老师是在鼓励我，希望我认真学习，胆子大一些。我舍不得吃那颗糖，把它放在了抽屉里，我想等下次真正凭自己的本事得到奖，获得棉花糖的时候再吃……"我怀着异常激动的心情把这篇日记读了一遍又一遍，心里盘算着如意接下来该有大的转变了。

正如我期待的那样，如意上课变认真了，对于我提出的问题也会试探性地举手发言，虽然声音很轻，但她毕竟打破了不举手发言的纪录。尤其与以往不同的是，她看我的眼神里流露出了信任。于是，我不失时机地进一步鼓励她、表扬她，在她的日记中与她交流，她的胆子一天天大了起来，学习成绩自然有了不小的进步。

回想起如意点点进步的历程，那颗棉花糖是功不可没的，可以说小小的棉花糖带来了大效益。其实，对于胆小的学生，"包庇"式的额外奖赏和鼓励往往能收到很好的教育效果。

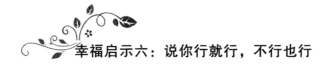

幸福启示六：说你行就行，不行也行

古代官场有这样一句话："说你行就行，不行也行；说你不行就不行，行也不行。"尽管这说的是官场生态怪圈，但是将前半句用在对孩子的教育上，也十分管用。正如清代教育家颜元所言："数子十过，莫如奖子一长。"鼓励是孩子成长中的阳光雨露，它能使孩子从中不断获得自信、勇气和上进心。

一个人在愉悦的环境中学习，无论感觉、知觉，还是记忆、思维，都会处于最佳状态。对于孩子来说，鼓励不仅能使他们的记忆得到强化，还能增强他们的自信心。只有当孩子看到自己的力量时，才会产生积极活动的欲望和情绪，才能主动地去求知。

然而在现实中，我们往往忽视了鼓励的价值。孩子初次自己用餐具吃饭，弄得满脸都是米粒，不少父母不是鼓励，而是干脆自己来喂。当孩子帮助大人收拾碗筷不小心打碎了盘子时，大人往往会说："快走开，别添麻烦。"这些言行无疑使孩子心中刚萌生的信心受到打击，也阻碍了孩子尝试挖掘自我能力的良好意愿。

联合国前秘书长安南曾说过自己上中学时的一个真实经历。一天上课时，老师举起一张中间有一个黑点的白纸，问同学们看见了什么。全班同学齐声回答："一个黑点！"老师说："这么大一张白纸你们怎么没有看见？怎么只盯着一个黑点呢？"现在父母和老师在教育孩子时，往往只盯着一个黑点，总将注意力集中在孩子的短处和不足上。如果经常这样做，就会让孩子觉得自己做什么都不行。如果能换一个思路——启发和教育孩子，结果可能就是说你行就行，不行也行。

每个孩子都具有潜在能力，只要给他们尝试的机会，并加以鼓励，他们就一定会做出成绩来。

有一位母亲，第一次参加家长会，幼儿园的老师说："全班30个小朋友，你的儿子表现最差，有多动症，在板凳上连三分钟都坐不了，你最好带他去医院看一看。"回家的路上，儿子问老师都说了些什么，母亲差点流下泪来。然而，她还是告诉儿子："老师表扬你了，说宝宝原来在板凳上坐不了一分钟，现在能坐三分钟了。其他的妈妈都非常羡慕妈妈，因为全班只有宝宝进步了。"那天晚上，儿子破天荒吃了两碗米饭，并且没让她喂。

儿子上小学了，第一次家长会上，老师说："全班50名同学，这次数学考试，你儿子排到40多名，我们怀疑他智力上有些障碍，您最好能带他去医院查一查。"回家的路上，她流了泪。然而当她回到家里，却对坐在桌前的儿子说："老师对你充满信心。他说你并不是个笨孩子，只要能细心些，会超过你的同桌，这次你的同桌排在第21名。"说这话时，她发现儿子黯淡的眼神一下子充满了光，沮丧的表情也一下子舒展开来。她甚至发现儿子好像长大了许多。第二天上学，他去得比平时都要早。

孩子上了初中，又一次开家长会。她坐在儿子的座位上，等着老师点她儿子的名字，因为每次家长会，她儿子的名字总会在差生的行列中被点到。然而，这次却出乎她的意料。

临别，她去问老师，老师告诉她："按你儿子现在的成绩，考重点高中有点危险。"她怀着惊喜的心情走出校门，此时她发现儿子在等她。路上她扶着儿子的肩膀，心里有一种说不出的甜蜜。她说："班主任对你非常满意，他说只要你努力，很有希望考上重点高中。"

孩子高中毕业，第一批大学录取通知书下达时，学校打电话让她儿子到学校去一趟。她有一种预感，儿子被清华大学录取了，因为在报考时，她对儿子说过，她相信他能考取这所大学。当儿子从学校回来，把一封印有清华大学招生办公室的特快专递交到她的手里后，便突然转身跑到自己的房间里大哭起来，还边哭边说："妈妈，我知道我不是个聪明的孩子，这个世界上只有你会欣赏我……"

孩子好像八九点钟的太阳，活力无边，朝气无限。任何一个孩子只要能不断地从家长和老师那里得到鼓励和赏识，内心就会变成一部强大的发动机，驱动着他，永不疲倦地朝着美好的目标大步前进。

第七章

左手离不开右手

左手离不开右手

　　每个人都有一双手，如果只有一只手，不要说做事，就连走路都会失去平衡。正如一个硬币，必然由两个面构成。成长中的孩子需要表扬，也离不开批评。表扬和批评拧在一起，犹如风筝身后的线。风筝飞得越高，越离不开线的牵引。

表扬引起的"后遗症"

　　余小雨是我们班一个聪明贪玩的男孩，非常自信，说确切点是自负。他要是高兴起来，一堂课都举手要回答问题，还不时插嘴；他若是不顺心，整堂课心不在焉，一言不发。他不专心时，我对他有过几次适当的批评。第一单元小练习结果出来了，他得了个"优秀"，这说明他这一段时间学习比较认真。为了激励他进一步认真学习，我对他大加表扬，罗列了我所能挖掘到的所有优点，他很激动，也很得意，当时就在座位上抖动双腿。

不可思议的是，余小雨的第二单元小练习却勉强得了个"及格"，与前一次的成绩反差太大了。我觉得费解。思来想去，我觉得可能是上次的"表扬"引起了"后遗症"。回想起来，自从上次我大加表扬以后，他上课小动作变多了，坐姿也富于变化了，总之是更自负，甚至狂妄了。也就是说，我对他的表扬非但没有使他受到鼓励，反而使他更加自以为是。怎样才能正确地点拨他，让他认真起来呢？我决定不再轻易表扬他，而是跟他讲道理，并适当批评他。

我把余小雨叫到身边，与他单独谈话。从他的话语中我更加证实了自己的猜想——他太骄傲了。接下来，我像一个朋友一样通过多次交谈让他接受了一个观点——骄兵必败。同时，我对他的不认真进行了委婉批评，他渐渐明白了。

很快，第三单元小练习的成绩出来了，余小雨再次得了"优秀"。我在他的试卷上写了个醒目的省略号，聪明的他拿到试卷，对我轻轻一笑。我想，他一定知道我想告诉他什么。

这件事让我体会到，对于一些自负的学生，千万不能多加表扬，应该想方设法地让他们正确认识自己，明确学习目标，端正学习态度，必要时给予适当的批评。这样才能使他们扬长避短，取得更大的进步。

大战"笑面捣蛋王"

语文课上，我们学习《开国大典》这篇课文。在指导大家观察插图时，我问："同学们想想看，开国大典上，站在毛主席身后的是哪些人？你们知道谁的名字？""刘少奇！""周恩来！""宋庆龄！"同学们争先恐后地报出一连串名字。"还有谁？"我继续问。教室里安静片刻后，一个声音异常响亮："潘长江！"大家顺着声音望去，只见人称"笑面捣蛋王"的苏鲁正乐滋滋地抿着嘴笑。同学们哄堂大笑，我也忍不住偷笑，但又觉得气不打一处来。

这个"笑面捣蛋王"神气多年了，这雅号自然是历史遗留的。开学以来，他在课堂上经常语惊四座，引得大家捧腹大笑，令老师哭笑不得，他却以此为乐。

前几次遇到类似的情况，为了不影响大家，我总是大事化小，小事化无，只在课后对他教育一番，失去了最佳的教育时机，效果并不理想。冷静片刻后，我意识到这次不能这样放任，这正是一次大杀"笑面捣蛋王"威风的机会。于是，我示意大家安静，顺势问苏鲁："你知道大家为什么笑你吗？"苏鲁不出声，而是笑嘻嘻地望着我。我不肯放过他："你也在笑自己，认为自己的回答好笑，对不对？"这下，他不看我了，他一定没想到我会立刻追究。"那你知道大家为什么笑你吗？说出来算你聪明。"我使用了激将法，同学们也立刻附和。

短暂的沉默过后，苏鲁吞吞吐吐地开口了："开国大典是1949年举行的，那时候还没有潘长江呢，他不可能站在天安门城楼上。"他一说完，我就带头鼓掌，苏鲁在大家的掌声中显得浑身不自在。"你知道大家为什么给你鼓掌吗？"我乘胜追击，他不说话。"你知道潘长江不可能站在1949年的天安门城楼上，那么你刚才的回答恰恰承认了你是故意在课堂上开玩笑。"我把"故意"两个字说得很重。他的脸慢慢红了，低下头去。"如果你偏要故意使自己成为大家的笑料，你可以继续。"我抛出这样的话时，他把头藏得更低了。

我们继续上课，后半节课上，苏鲁始终把头埋得低低的。这是我从未见过的。

中午，我和苏鲁进行了一次长谈。他承认自己在故意捣乱，没有什么目的，就是让大家笑笑而已。这次他认识到，原来被别人笑话也不是滋味。为了不让大家笑话，他以后再也不起哄了。尽管我不知道这样的"诺言"能不能兑现，但至少这样的"诺言"他以前从来没有说过。不管怎样，我会帮助他慢慢改正。

这件事给了我很大的启示：教育的契机来临时，千万不要轻易放过。在教育中碰到了问题，有时候不能小事化无，应该以小见大，抓住最佳时机进行适当的引导，最好能让学生自我反省、自我教育。

窗台上的黑手印

星期一按惯例要举行升旗仪式。升完旗，学生们唱完国歌，全校师生便齐刷刷、静悄悄地站在操场上，听校长在国旗下讲话。

校长简要地回顾了一下上周工作，接着话题便转到了本周的工作重点上。

"老师们、同学们，围绕省级教育现代化验收，上两周我们做了许多准备工作，特别是在全校资金异常紧缺的情况下，我们还千方百计地挤出资金，请工人对全校的教学楼进行了一次全面的粉刷。上个星期，同学们一走进校园就感到我们的校园更美了，教室也更亮了。对新刷的墙壁，同学们一定要精心爱护，否则全校上千双手脚，不用几分钟就可以把洁白的墙壁搞成大花脸。这里我要提醒个别班级注意，你们教室前的墙壁上已经出现了污点。早上我在教学楼仔细转了一圈，发现四（1）班窗台上已有了一个手印……"我的心略噔一下，接下去校长讲了什么，我一句也没听进去。

说到这墙壁，也难怪校长要在国旗下点名批评。这墙壁不刷还好，一刷可就麻烦了。尤其是班主任，整天提心吊胆，因为这墙壁好多年没刷过了，如今下决心粉刷一新，可不仅仅是为了迎接本星期的验收，也的确是美化了校园。墙壁刷白容易，真要保持不出现一个污点却非易事。试想，学校上千名学生，哪个不好动手动脚！所以校长一天到晚都把墙壁挂在嘴上，即使看到学生走路走得快了一点，她也要把学生叫住，好好教导一番，让他牢记走路一定要有规矩，否则跑得太快，一旦刹不住脚，就会撞到墙壁，把墙壁搞脏，把自己弄疼。围绕墙壁如何保洁的问题，校长还组织班主任进行了多次研讨，要求班主任务必牢固确立打持久战的思想，工作要细，绝对不能掉以轻心，有半点麻痹大意的思想。上个星期全校太平无事，墙壁白得熠熠生辉，皆大欢喜。如今倒好，哪壶不开提哪壶！这个星期刚开头，我们班便成了校长杀一儆百的活靶子，这怎能叫我不气恼？

"这是谁干的好事？"做完操回到教室，我站在讲台前，严肃地问。

同学们都不敢吱声。

在我的注视下，坐在靠窗的牛惠东眨巴着眼睛，慢慢腾腾地站起来，欲言又止，好像铁了心等着我批评。

我不再看他，刚才在操场上的满肚子怒气，此刻竟已不想发泄，再多的说教跟那窗台上可恶的手印相比，显得那么苍白无力。

我开始沉默，教室里的气氛更加凝重。这时，他的同桌竟站了起来："老师，那手印不是他弄的！"

"什么？不是他弄的，他干吗要站起来？"我反问，心火又一下子被吊起来了。

"老师，真不是他弄的！"坐在他后面的朱磊也举手站起来替他辩白。

"牛惠东站起来干什么？"我有种被戏弄的感觉。

"那手印虽然不是我弄的，但跟我有关系，所以我要站起来。"他的声音很轻。

"越说越糊涂，你只管跟我说是谁的手印。"

"不是我们班同学的手印，是隔壁班何文的手印。今天早读前，何文站在窗台外硬要向我借抄在纸上的家庭作业去应付组长检查。我不肯，他便威胁我说，要是不借，他就把我们班的墙壁弄脏。我说他不敢，谁知他真的用手先在地上抹了抹，然后再把污黑的手拍在了我们班的窗台上。"

听他说完，同学们便七嘴八舌地议论开了。我又惊又喜，惊的是何文这个全年级最爱捣乱的同学竟然做这样的坏事，不惜嫁祸于人；喜的是我们班虽一时蒙冤，但最终昭雪有望。

为平民愤，我派出了班里的大力士王小磊和洪心奎，让他们速速把何文"请来"，让他给我们大家一个说法。两人欣然领命，飞奔出教室。

左等右等，过了好一会儿，也不见两人回来，正要再派人前去侦察时，两人竟空着手兴高采烈地回来了。

"是不是隔壁班的班主任不让何文出来？"我问。

两人神秘兮兮地直摇头。

"何文'畏罪潜逃'了？"

两人再次摇头，齐声道："大家别急，请稍候，好戏马上开始。"他俩跟我们打起了哑谜。

我正要继续盘问，只见校长领着何文走进了我们的教室。

原来两人在请何文时，没有直接先请到教室，而是来了个脑筋急转弯，把他请到校长室去自首了。

又一个星期一的早晨，升完国旗，唱完国歌，在庄严的国旗下，校长表扬我们班的同学爱憎分明，讲正义。回到教室，我和同学们会心地笑了。这个星期，同学们在板报的警句栏中，工工整整地写上了我在上星期"活捉"何文后讲的一句刘备说过的话："勿以善小而不为，勿以恶小而为之！"

"老实人"并不老实

开学第一天，美术老师拜托我嘱咐学生第二天带上剪刀。我在放学前向全班同学强调："明天美术课上需要用剪刀，请大家明天都带好剪刀。"末了不放心，又补充道，"剪刀是非常危险的工具，大家使用时要注意安全。今后老师不要求带剪刀，你们就不要带，这是我们班的纪律。谁要是违反纪律，我可是要批评的。知道了吗？"

"知道啦——"同学们乖乖地点头。

这时候，突然从南边临窗的一排座位上高举起一只手。顺着那挺得笔直的手臂往下看，是一张稚嫩的娃娃脸。显而易见，"娃娃脸"有话要说，而且很着急。还好，我已经记住了他的姓名，于是大大方方地向他点头："邱陶同学，你有什么疑问？"

邱陶急忙站起来，歪着脑袋大声问："老师，我今天带剪刀了，怎么办？"

他把一个"带"字拖得特别长。教室里立即发出"喊喊"声。我觉得好笑，带就带了呗，告诉我干什么。但既然他坦诚相待，我就不能无动于衷。我想了想，说："你是在我宣布纪律之前带的剪刀，我不会批评你。不过，以后你可不能随便把剪刀带来。"

"噢！"邱陶一本正经地应着，显出天真无邪的可爱模样。

后来我才知道，开学第一天带剪刀的大有人在，偏偏只有邱陶"老实交代"。

通过这件小事，邱陶留给我深刻的印象——老实。

没过几天，科学老师拉着脸向我反映："你们班的邱陶太可恶了！当着全班同学的面，他居然指着我说，'老师，你嘴唇上有一颗大大的黑芝麻'，弄得大家哄堂大笑，我尊严扫地。"

我盯着科学老师嘴唇上的黑痣忍不住笑。笑完，我陷入了沉思：被我视为老实的邱陶，这一次的行为是不是还可以解释为老实？按理说，四年级的孩子不可能分不清楚"黑痣"和"芝麻"，如果是幼儿园的小朋友这么误解还情有可原，难道邱陶是故意恶作剧？

我提醒自己不能妄自推断，马上找来邱陶了解情况。当我问他为什么说科学老师嘴唇上有"芝麻"时，他闪烁着纯真的大眼睛不以为然地说："我真以为那是'芝麻'，哪儿想到是'黑痣'？"

"不对，他是故意那么说的！"一旁抱着作业本进来的课代表戳穿他，"他在说那句话之前还说了一句话。"

"什么话？"我很好奇。

课代表，也就是邱陶的同桌直言不讳："他说，科学老师怎么偏要把痣长到嘴唇上，真难看。"

果然不出所料，邱陶的"老实"完全是装出来的！他的"老实"别有用心，表面上看是天真烂漫，其实他想制造气氛，看人笑话。

"老实人"并不老实。我意识到事态的严重性：若照此发展下去，他"老实"的欲望会日渐膨胀，一逮到机会就捉弄人。我必须帮他认识到自己的行为是不对的。

我把课代表支开，和邱陶单独谈话。

"邱陶，跟老师说实话，你为什么这么做？"我的语气尽量平和。

他眨巴了几下眼睛，抬头看着我说："我只是——只是想引起别人的注意。"

看样子，我误解他了，他的本意并不是要捉弄人，而是想表现自己。

找到了问题的症结，解决起来就简单了。

我语重心长地对邱陶说："好表现是好事情，这说明你要求进步，渴望出类拔萃。但如果为了表现自己而伤害别人，那就说不过去了。可能你自己并没有意识到，你在表现自己的同时不小心伤害了别人。老师希望你把表现的方向转移到学习和为他人服务方面去，好吗？"

邱陶抿抿嘴巴，轻轻地点点头。

接下来的日子，我经常给邱陶创造展示自己才能的机会，比如请他上台朗诵课文，让他参与设计班队活动方案，安排他负责分发报纸等，同时不断地对他进行鼓励。他"老实"的毛病渐渐改掉了。

一只臭虫

课堂上，同学们正聚精会神思考着问题，突然传来一名女生的尖叫，几十双眼睛同时投向了曹天慧。

我诧异地走向她。

她一下站了起来，委屈地指着桌上的一只臭虫，说："刚才杨雨江把一只臭虫放在我书上……"

一阵哄堂大笑淹没了她的话语，同学们都开始对杨雨江指指点点。我拍了拍曹天慧的肩膀，迅速回到讲台，用手势示意同学们安静，继续上课。

杨雨江这孩子，上课老是思想不集中，三年级上学期还是"学习积极分子"，现在竟越来越不像话，连上我的课都敢捣蛋了。下课后，我把他带到了办公室。

"你处罚我吧，徐老师！"他一副满不在乎的样子。

"我应该怎样处罚你呢？"我平静地问。

他不出声了。

我从抽屉里找出他的"素质报告单"，翻到三年级上学期那一页，指着"学习积极分子"那几个大字问："你的学习积极性哪儿去了？你今天的这一举动，跟你以前获得的这个荣誉很不相配。"

他不由得一震。

我又语重心长地开导："每个人都会有情绪不稳定、懒惰的时候，但如果能尽快从中走出来，重新振作起来，就是强者。你愿意成为强者吗？"

"我……我……"他的脸红了。

"怎么，没有信心？"我向他投以鼓励的目光。

他激动地点了点头说："徐老师，我会努力的！另外，我错了，今天我不该用臭虫吓唬曹天慧，不该扰乱课堂纪律，今后……"他的语气是那么诚恳和坚定，跟先前判若两人。

为了进一步鼓励他，我从抽屉里取出一张小小的卡片，在上面工工整整地写了一句："我相信你会成为一个值得大家喜欢的人！"然后送给他。

他双手接过卡片，把它捧在胸前，无比感激地走出了办公室。

第二天早晨，曹天慧跟我说："杨雨江昨天向我道歉了，请徐老师别责备他了。"

从这以后，杨雨江上课总是很认真，各方面表现都不错，期末又被评为"学习积极分子"。

我真为自己对"臭虫事件"的处理方式深感自豪，因为我没有用严厉或粗暴的批评去挫伤一个孩子的心，而是凭着真诚的勉励和引导达到了更好的教育效果。

幸福启示七：当咖啡加了糖

经常会有一些孩子被家长或老师称为"老油条"。综观这些孩子不上进的成因，往往由于家长或老师不得法的批评。每个孩子的心都是积极向上的，同时又都是具有逆反性的。如果孩子在犯错后，没能得到正确的引导，只是一味地批评，久而久之，他就会视批评如儿戏，遇到事情会有意我行我素。

没有一个孩子喜欢被批评。不得法的批评更会让孩子记恨，甚至会毁灭一个孩子的自尊。如我们常常听到的"你看你那笨样子""你真笨""你看你丑不丑"等，如单独挑一句出来，我敢肯定，几乎所有的家长都会觉得不应该对孩子进行这些粗暴残忍的批评。遗憾的是，生活中却少有人不这样批评孩子，甚至大多习以为常。殊不知，大人的一句话却能成为摧残孩子心灵的毒汁。孩子是充分相信家长和老师的，尤其是当父母说他丑、笨的时候，我们别指望他们会像成人那样奋起反击，或期待他们用行动来证明我们的批评是错误的、过分的。相反，听到父母对他们如此评价，他们首先就怀疑自己是不是真的有点笨。当他们又一次遇到失败的时候，他们就会默认父母对自己的评价。

批评只是手段，不是目的。孩子在成长过程中，犯错是难免的。如果我们只会用批评的态度来纠正孩子的错误，结果往往会适得其反。

比批评更重要的是引导。为了正确地引导孩子，在学会批评的同时，更应该深入了解孩子犯错的根源。孩子犯错，是无心而犯，还是因不懂或缺乏经验而犯，或是其他还不知道的原因而犯？如果孩子因经验不足或遇到从来没接触过的事而犯错，此时，我们需要做的绝不是批评，而是给予耐心的帮助和辅导，这样不仅能让孩子增长知识，而且还能让孩子恢复信心。

批评是家长和老师在教育孩子时少不了的手段，如何恰当地运用，很值得我们在教育孩子的过程中细加揣摩。在批评孩子的艺术上，教育家陶行知可谓楷模。有一天，陶先生看到一名男生在打同学，就上前制止，并责令男生到办公室接受批评。当陶先生回到办公室时，男生已等候在那儿了。陶先生掏出一块糖递给男生说："这是奖励你的，因为你比我先到了。"接着又摸出一块糖给他："这也是奖励你的，我不让你打同学，你立即住手，说明你很尊重我。"男生将信将疑地接过糖。陶先生又说："据了解，你打同学是因为他欺负女生，说明你有正义感。"陶先生又掏出第三块糖给他。这时男生哭了，说："校长，我错了，同学再不对，我也不能采取这种方式。"陶先生又拿出第四块糖说："你已认错，再奖励你一块，我们的谈话也该结束了。"

批评是一门比表扬深奥得多的艺术。古时有位老禅师，一天晚上他在院子里散步，看见墙角有一把椅子，他知道有小和尚违反寺规翻墙出去玩了。老禅师走到墙边，移开椅子，就地蹲了下来。过了好一会儿，一个小和尚翻墙回来，在黑暗中踩着老禅师的脊背跳进了院子。当小和尚落地后，发现踏的不是椅子，而是老禅师时，大惊失色。老禅师没有马上责备他，而是告诉他："夜深天凉，快去多穿一件衣服。"小和尚从此再也没有违反过寺规。

孩子的成长离不开批评，恰当的批评能让孩子心服口服，暖意融融。如果将批评比作咖啡，而且是不加糖的苦咖啡，那么孩子肯定不愿喝，但是加点糖后效果就截然不同了。

第八章

因地制宜，铁树开花

因地制宜，铁树开花

将铁树种植在北方，它很难开花，因为铁树开花需要合适的温度和湿度；将铁树种植在南方，虽然需要十几年，甚至几十年的等待，但是它总有希望开出花来。铁树一旦开花，花朵惊艳，令人赞叹。

对症下药

考试结束了，为了让家长们能了解到孩子们的真实情况，我让学生把试卷带回去交给家长过目，并对王声等三个不及格的同学格外关照，一定要请家长签上意见。

第二天，班长把卷子收齐交给我检查。当看到王声爸爸签的意见时，我感到非常意外。我原想让考得不理想的同学把卷子带回去请家长好好教育一番，没想到王声的爸爸竟签了如下几个字：进步很大。我内心顿时生出一种被人戏弄的感觉，早知家长会签下如此不负责任的意见，倒不如不签。看着王声在三心二意地早读，想到他家长的护短，我真懒得去理他和管他。家长尚"养不教"，又何怪"师之惰"！

这天中午，我正在看书，王声带着一个中年男人走进办公室。

"这就是徐老师。"王声一进门便向那人轻声介绍。

"徐老师，您好！我是王声的爸爸，我想了解一下这孩子在学校的情况。"他穿得很光鲜。

来的便是客，何况是学生家长。尽管对他签的意见不满意，但我还是热情地接待了他。

我毫不掩饰，也毫不夸张，把他所关心的有关孩子在学校里的情况跟他介绍了一遍。同时，为增强说服力，我特意强调测试中全班唯一一名语文和数学都"不及格"的学生就是他的孩子王声。

他听了竟一点儿都不吃惊，只是叹息："我知道这孩子在学校表现不好，以前的老师也个个这么说。

以往每次考试回来，我跟他妈总是一个打一个骂，可就是不管用，不及格还是不及格。最近，我从报纸上看到一篇文章，说对孩子的教育打骂不如表扬，所以这一次我在他的试卷上签了他进步的意见，并不是护短。对这孩子的教育，我们当家长的已经实在没有办法了。"听了他的这番苦衷，看着他把头摇得像个拨浪鼓，嘴里还不停地叹息，我终于释然。

可怜天下父母心，我误解他了。

这样一个连家长都对他泄气的孩子，我能改变他吗？送走王声的爸爸，我扪心自问。

在接下来的日子里，我更加留意王声了。我发现，他最大的特点便是自觉性太差，表现为上课很少专心听讲，不时做小动作；写作业时边写边玩，磨磨蹭蹭；做事总是有头无尾；自制力差，背对老师，情绪改变快，经常打扰别的同学，惹人讨厌……我翻了几本理论书籍，有一篇有关少儿多动症的文章引起了我的注意。对照文中分析，我意外地发现，王声成绩好不起来的最大原因，除了基础差之外，还与其可能患了多动症有关。

多动症孩子的最大特点便是自控能力差。为了增强他的自控能力，我开始想办法提高他的注意力。每次上课，总刻意把一些估计他能回答正确的问题留给他，让他讲解或上黑板做；在布置作业时，对他的作业也有所筛选，注意降低难度和控制作业量，以提高他作业的正确率和促使他按时完成；批改时则和别的同学的作业本放在一起，一视同仁，全做对了，照样打"优秀"和加星。我慢慢发现他上课开小差、做小动作的次数减少了。随着我对他提问题次数的增加，他举手的频率也在慢慢增加。又过了一段时间，他竟主动要求与别的同学完成一样的作业了。

虽然他的进步很缓慢，但是他的表现已足以令我欣慰。我相信随着时间的推移，他的自控能力会不断增强，他一定能和别的同学一样，学得有趣，学得成功。通过他的转化，我深深地体会到，在对学生的教育中，信心比任何说教都重要。每想到这一点，我就会感谢王声的爸爸所签的意见带给我的启示。

顽皮的石头

班上有三名同学的名字中带"磊"，人称"三石"，他们是朱磊、陆磊和王小磊，前两位品学兼优，分别被同学们称为"红宝石"和"绿宝石"，深得老师喜爱，第三名则在我接手前被不少老师称为"三角黄石"。教过他的老师和班主任曾跟我开玩笑说，如果能把王

因地制宜，铁树开花

小磊这块"三角黄石"转化，那说明水平到家了。

刚开学，这家伙还真把我吓了一跳。他多次转学，两次留级，个子跟我竟差不了多少。或许是我初来乍到，对我还不了解，所以一开始他把狐狸尾巴夹得紧紧的，叫他干啥就干啥，显得极本分。这让我形成错觉，怀疑别的老师思维定式，从门缝里把他看扁了。好景不长，第二个星期，星期一便有同学向我举报，说王小磊在双休日不仅打游戏，还去爬人家单位的围墙。当我找到他，希望他坦白时，他则一口否认。当有人站起来证明时，他不仅说人家在瞎说，还一个劲儿瞪人家，那样子恶狠狠的。我便不再追问，怕再追问下去他会进行报复，再弄点什么乱子出来。但我严肃地警告他好自为之，有则改之，无则加勉。

为了从根本上使他脱胎换骨，根据他人高马大的特点，我决定让他当劳动委员，在公布决定前我有意识地把这个想法透露给王小磊，看看他有什么反应。这对他来说却是个意外的喜讯，上学至今，连个组长也未挨着边的他，如今连升三级，他能不激动吗？看他兴奋得直咬嘴唇，我特意给他泼冷水，告诉他还要听听全班同学的意见。他一听就傻眼了，马上担心地说同学们肯定不会答应，我说不一定，并让他记住一句真理：任何事情都要靠自己去争取，一个不求上进的人将永远没有出息。他似懂非懂，只是一个劲儿称知道了，那模样极温顺。我心中明白，他所想的无非是劳动委员那一顶乌纱帽。

明知同学们不会同意，我还是把这个想法讲出来，请同学们提看法，结果全班没有一个人赞成。理由十分充分，反正一句话，劳动委员属中队委员，那中队委员岂是任何人都能当的？何况是王小磊这种好事没做一件，坏事总沾边的老油条。在同学们提反对意见时，我丝毫没有阻止，更不讲我的理由，而是留心观察王小磊。他坐在那儿，看得出来心里极不是滋味，或许是对过去不守纪律以致引起今日公愤的自责；或许是对唾手可得的劳动委员被同学们否定感到无奈。我相信眼前的局面对任何一个想上进的人来说，都不失是一次极好的教育和帮助。

见火候差不多了，我把真实的想法和同学们交流。我说，王小磊以前确实有不少让大家不满意的表现，但是一切要向前看，昨天只代表过去，不能用老眼光去看一个人的今天和明天，更不能一棍子把人打死，让人家永世不得翻身。社会在发展，我们每一天都在进步，只是有的进步快，有的进步慢。再说，班干部也不是天生的，成绩好的能胜任，成绩差的也不一定胜任不了。关键是自身过不过硬，能不能当表率，对班集体有没有奉献意识。

我的话虽然不能一锤定音，但也着实帮了王小磊，同学们最终答应让他先试当一个星期。一星期之内如果他能以身作则，并使班级卫生每天能在学校常规检查中得"优秀"，便可继续当下去。

我问王小磊有没有信心，他对大家拍胸脯保证说，绝不会让大家失望。我郑重其事地给他在臂膀上佩戴上了中队委员的二道杠标志。

接下来的一个星期，他的所作所为确实令我和全班同学满意。每天他最早到校，见地上还有不干净的地方总会再细心地打扫一遍。整整一个星期全班卫生一分未失，任课老师也普遍反映自从王小磊戴上"二道杠"，上课变得特别遵守纪律，坐得笔直，作业也一反常态。虽然字不算好，但可以看得出他下了功夫，尽力了。看到他进步了，我感到很欣慰。

然而，随着时间的流逝，那臂上的"二道杠"逐渐对他失去了吸引力和约束力。学习不似开始那么认真，班级卫生他也不再那么热心，在日常评比中多次失分，被学校出示黄牌。我跟他说一次就好一点，几天不说又变成老样子。终于有一天，我在同学们的怨声中摘下了他的"二道杠"，劳动委员一职则由几个同学轮流担任。

期中测试，他的成绩并没有多大进步。开学以来，我对他可谓恩威并施，他竟软硬不吃。如何才能再次拨动他的心弦？这让我陷入了沉思。最后，我决定对他试着实行冷处理。

这天上班会课，我对期中测试中全班同学的情况逐个进行了分析。为此，事前我精心准备了一份讲稿，对每一名同学都较为慎重地以发展的眼光写上了一段寄语。其中，对王小磊的那段寄语颇费了点心思，我在寄语中写道："你曾是一个让不少老师失望的同学，但在你开始担任劳动委员的阶段，我看到了你身上的许多优点，你以实际行动赢得了我和同学们的信任，可惜你没有坚持下去。"在当众分析时，我有意对王小磊的情况只字不提。分析一结束，我就宣布放学。这天王小磊值日，我安排完放学便故意把那份写有寄语的讲稿留在讲台上就走了。

到办公室坐下来，我很悠闲地读着一本书，我相信自己精心导演的一幕很快就会开场。没过多久，果然就有值日的同学急匆匆地跑来告诉我，王小磊不好好扫地，在偷看我忘在讲台上的东西。我让这名同学好好值日，别去管他。其实他不知道，这正是我所希望的。

过了一会儿，我等待的主角终于拿着我有意忘记

因地制宜，铁树开花

的那本稿子来到了我面前。

"老师，我对不起您。"他边说边用双手把本子捧到我面前。

"对不起什么？"我故意装糊涂。

"对不起您对我的信任。您让我当劳动委员，我没有好好珍惜机会。"他发自内心地说。

"认识到这点就是进步，那你以后打算怎么办呢？"我拍拍他的肩膀。

"我有个想法，可我不好意思说。"他显得极忸怩。

"你只管说，说错也没关系，又没别人听见。"我鼓励他。

"我想……再当劳动委员。"他憋了半天总算说出来了。

为使冷处理达到更好的效果，我有意不接他的话。

"我知道你不会再让我当了。"他低下头去。

我告诉他，让我再考虑考虑。在他临出门前，我问他是否还记得我第一次跟他谈的话。

他说记得，还很响亮地把我那次说的话背了一遍："任何事情都要靠自己去争取，一个不求上进的人将永远没有出息。"

第二天，我又当着同学的面为他戴上了"二道杠"。这次他没有拍胸脯，而是请同学们监督。

期末评劳动积极分子时，王小磊全票当选。

拾起你不慎遗失的自信

小鲁，允许我这样称呼你吗？其实在我的心里，已经这样叫你无数遍了。相识 3 个多月来，我一直试图走进你的心里，试图了解你的全部，试图给你最大的帮助，试图成为你最真诚的朋友。

此刻，黄金档的电视节目早已结束，你一定睡了吧！不会还在大脑中兴奋地复制精彩节目的片段吧？今天老师布置的作文你一定完成了吧？文具盒里的钢笔也一定喝饱墨水了吧？知道明天语文早读课该读些什么吗？你可知道，我总会在这样的夜晚想起这些。

小鲁，记得新学期开学第一天的第一节语文课上，坐在第一排的你回答了我提出的第一个问题。当时我问你们升入六年级有什么感受，你第一个站起来兴奋地扬着笑脸叫道："开心！激动！"你的回答让我也感到开心和激动，并且我牢牢记住了你的名字，在心里盘算着你是一个怎样聪明活泼、勤奋好学的乖孩子，将如何成为我的得意门生。

可惜这样的印象只维持了 20 多个小时。第二天，全班只有你一个人没有交语文作业！看着你若无其事

因地制宜，铁树开花

的表情，我拼命地把你没做作业的原因归为客观，而绝不愿意相信你是故意的。然而，尽管我每天放学时再三叮咛你完成作业，好几天过去了，你还是经常不完成，这让我感到了事情的严重性。让我略感安慰的是你在语文课上依然积极发言，尽管你笑着回答说："开国大典上站在毛主席身后的是潘长江。"小鲁，我不得不对你进行了深入的了解。我从你过去的老师那儿得知，不完成家庭作业是你的"不治之症"，而上课"语惊四座"是你的拿手好戏。于是，我试着用耐心和真心来打动你，我相信任何一个人的内心深处都有渴望上进的意识，何况你那么聪明。

那天中午，空荡荡的办公室只有你我相对而坐，我们进行了一次长谈。我首先了解了你的家庭情况，如我所预料的那样，你父母工作非常忙。多年来，他们和你在一起的时间少之又少，对你的关心和帮助可想而知。然后，我给你看了我写的几篇简短的工作日记，那里面提得最多的是你的大名，还提到我担心你不做作业而影响学习成绩，提到我对你的帮助和希望。爱笑的你那一刻笑不出来了，我想大概是感动涌上了你的心头，便趁机语重心长地说："从今以后，你要尽量完成作业，这对你的学习非常有必要。""反正我做了作业成绩也不会好，同学都这么说，我对自己也没信心，还不如看黄金档节目！"这是你低着头冷冷地抛出的话，每一个字都扎在了我的心上。我突然觉得你好可怜，才 12 岁，就轻言"没信心"，你本该有的自信在什么时候不经意丢失了？"我愿意帮助你重新树立起学习的信心！我愿意成为你最好的朋友！"我说得那样坚定，仿佛承诺去完成一项惊天动地的任务。你听了这句话，用我猜不透的眼神瞟了我一眼，我愿意相信那是一种信任的目光。

后来的好多天，你虽然做作业的情况有所好转，但是小练习的成绩还是没有提高多少。难道你要进步真这么难？不说别的，你的词语积累就少得可怜，一篇作文里很少有几个规范的词语。我决定利用中午时间为你单独讲讲题目，陪你读读书。正当我满怀信心地撰写计划时，你的老毛病又犯了——不完成家庭作业，而且已经连续几天了。你理直气壮地说："我说过，我做了作业成绩也不会好，您还不相信！我就这样了！"我有点生气，但更多的是对你的同情，还有一种责任感。我一边安慰你，一边说老师愿意陪你做题，你的眼神却总是那样令人捉摸不透。

那一阵子我为此付出了大量的课余时间，付出了很多心血，与你谈心、辅导你学习。后来你经常完成家庭作业，质量也在慢慢提高，估计黄金档的节目也

因地制宜，铁树开花

看得少了。之后的一次小练习，你的成绩有了可喜的进步，我们都非常高兴。小鲁，就在公布成绩的那天下午，你送给我一个用写完的作业本的封皮剪成的不太规则的五角星。当我发现它躺在我的语文书上，并在它上面找到"你的朋友"的署名时，我有一种神圣的被尊重的感觉。我买来最漂亮的大红色的手工纸，精心制作了一颗"心"，在"心"上只写了一行字，却写出了我最想说的话："在某个时候，你不小心遗失了自信，现在我们一起把它捡回来了，你要好好珍藏，它会给你带来进步和快乐！"我坚信，你收到这颗"心"也会像我发现你送我一个"星"时那样感动。

　　小鲁，你的进步和重拾的自信也给了我信心，老师很感谢你——我的朋友，愿这种彼此的尊重能带动你今后赢得更多的进步！

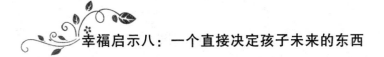

幸福启示八：一个直接决定孩子未来的东西

半个世纪前，美国斯坦福大学心理学家沃尔特·米契尔在幼儿园做了一个测试。他把装满棉花糖的盘子放在 4 岁的小朋友面前，告诉他们，如果谁能等一会儿再吃的话，就可以吃 2 颗。这对幼儿园的小朋友来说是个极大的挑战。沃尔特·米契尔刚转身离开，一些孩子就迫不及待地开始吃了，而有些孩子却能够忍耐 15 分钟，甚至更长时间。10 年后，沃尔特·米契尔继续对那批孩子跟踪研究，他发现那些在幼儿园里自制力好的孩子，在中考时普遍取得了好成绩，到了高中也都学得很好。而那些当年自制力差的孩子，成绩均不理想，自我调节能力和缓解压力能力都极其欠缺。美国另一位学者曾对美国 16 万名犯人做过一项调查，发现这些犯人之所以沦落到监狱中，90% 因为缺乏必要的自制力。这些人因自制力不强，不但给他人和社会带来了危害，自己也受到了法律的惩罚。通过上面的实验和调查，我们可以发现自制力直接决定孩子的未来。

现在很多父母都会为孩子缺乏自制力而困扰，其实孩子也很困扰，比如沉迷电视是绝大多数孩子的一个通病。在紧张的学习之余，孩子总是争分夺秒、十分贪婪地看着电视，孩子对电视的迷恋绝不亚于吸毒者对毒品的依恋。不可否认，电视对孩子的成长是有益处的。现

因地制宜，铁树开花

在的孩子，可以说是在电视屏幕前长大的。电视给他们带来了快乐，同时也丰富了他们的知识和生活。但多看电视的负面影响也是显而易见的，看电视时人的思维处于被动接受状态，长时间静坐在电视机前，孩子的思维就会被钝化。同时，观看时间过长，孩子进行其他活动的时间就相对减少，这对孩子的健康成长也是一种妨碍。至于看电视对孩子的视力及身体素质造成的伤害更是众所周知。如果不限制孩子看电视，孩子在看得头脑发胀、两眼冒金星后，一般在心里也会为自己的放任而自责，只是在观看时，他没有自制力终止自己的行为。

随着电子产品、网络的普及，电视、手机、电脑等，无一不让孩子疯狂沉迷。校园之外，小小的孩子不仅是电视迷，还是低头一族。他们不爱玩伴，不爱人际交往，偏爱宅在家里进行人"机"交流，单打独斗。

事实上，很多大人面对难以抵挡的诱惑，尤其是很多年轻的父母，每天都在给孩子进行种种负面示范。现在有很多人除了睡觉没法玩手机，其余时间，不管是吃饭、走路，还是开会、上厕所，都在玩手机，就连开车等红灯时也要拿起手机看一看。在这样的大环境下，孩子的沉迷也实在是无可厚非。但如果要让孩子成为一个有梦想、有抱负的人，那么其核心竞争力非自制力莫属。

自制力是一种天生的能力，但这种能力通过后天强制训练可以得到增强。在人已成为电子产品"俘虏"的当前，培养孩子的自制力，重点不是控制，应该是父母要树立榜样，在孩子面前带头摆脱"电视迷""手机控"的毛病，将时间用于阅读、亲子活动、运动等健康的生活方式。孩子耳濡目染，自然会受到积极影响，将学习和崇高的理想追求置于首位。

第九章

只吃嘴边大饼的孩子

只吃嘴边大饼的孩子

古代有个懒孩子，好吃懒做，连吃饭都要由大人送到嘴边。有一次，父母要出门几天，临行前特意做了一个超级大的饼挂在他的脖子上。然而，懒孩子只吃嘴边的饼。当父母回来时，他已经饿死了。

不爱吃馄饨的孩子

星期五中午，食堂供应馄饨。同办公室的程老师只吃馄饨馅而不吃皮，一桌人都开玩笑说她浪费粮食。我心生一念：到隔壁学生食堂去看看我们班的学生吃馄饨的情况。

带着一份好奇，我来到孩子们中间。大多数人吃得很认真，周龙龙似乎不爱吃馄饨，面前还剩满满一碗，显然没动过筷子。我让他吃掉这碗馄饨，然后进办公室向我汇报。周龙龙噘着嘴巴慢吞吞地吃起来。我想他可能会恨我强他所难，但我必须为他的肚子负责，吃饱了下午才有力气上课。

我又转了一圈，发现坐在靠墙的储依伊碗里尽是馄饨皮，馅全吃了，跟程老师一样。我同样让她吃完后到我办公室去。

回到老师食堂，我匆匆吃完了馄饨就去办公室了。

刚坐下倒了杯茶，周龙龙、储依伊几乎同时跨进了办公室，他俩相视一笑，一副很调皮的样子。

我让他们并排站在我前面，这会儿，两个人都垂下了脑袋。

“吃完了？”我看着周龙龙问。

“吃完了。”他点点头。

“难吃吗？”

“不难吃。”

“如果下星期五还吃馄饨，你准备挨饿吗？”

“不，馄饨很好吃。我都上四年级了，这还是第一次尝学校的馄饨。”周龙龙说话的声音变大了。

我有些不解："为什么以前你不肯尝一尝？"

"我家开了好多年小吃店，我从记事开始就天天吃馄饨，那些馄饨油腻腻的，吃怕了。这几年我什么馄饨都不吃。"

"是吗？你以为食堂里的阿姨包的馄饨也那么难吃？"我笑了起来。

周龙龙也笑了，眼睛弯弯的。

我让周龙龙回教室，把储依伊单独留下来。

"你家平时包馄饨吃吗？"我问。

"有时妈妈会包馄饨。"

"你只吃馄饨馅？"

"是的。"

"爸爸妈妈没说你什么？"

"以前他们教育过我，还强迫我吃过馄饨皮，我大哭了一场，他们就再也没逼我。我就是不爱吃面粉做的东西，味道怪怪的。"

我沉默了一会儿，说："在旧社会艰苦的岁月里，人们吃野草、吃树皮，才得以维持生命。在今天这样幸福的日子里，你居然连馄饨皮都嫌难吃，真是太不应该了。"

储依伊的眼眶湿润了。我接着说："下次吃馄饨，我请你和我一起吃，相信你会吃馄饨皮的。"

她点点头。

过了两个星期，食堂又吃馄饨，我把储依伊叫到身边。在我的监督下，她连皮带馅吃完了一碗馄饨。我摸着她的头，问："怎么样？"她抿嘴一笑："也不难吃，我以后就跟今天一样，皮和馅一起吃。"

两个足球

我们班的体育苗子多，全校知名，校体训队8名大将，我们一个班便占了一半。其实并非我们班同学的身体素质特别棒，而是我这个班主任思想开明，支持校体训队教练来挑选队员去参加每天的训练。一般的班主任对此往往带有抵触情绪，因为怕影响了学生的学习。事实也如此，一般体育好的学生，学习大多要拖班级的后腿。我却不这样看问题，人各有志，犯不着千篇一律。科学家可以为国争光，奥运冠军不照样为国争光？在我看来，能使学生最大可能地发挥潜力便是好的教育。我这样的想法自然极大地助长了全班同学课余参加体育活动的热情。

在校体训队的所有队员中，最让教练满意的是我们班的顾健行。教练每次遇到我，都会把顾健行表扬一番，认为他最具潜力。其实，我第一眼看到顾健行时就觉得他是个人才。他虽然长得黑黑的，但整个人看上去特精神。我问他的理想是什么，他当着全班同学很响亮地告诉我，他要到奥运会上跟老外较量一下。见他有这份志气，加上很好的身体条件，我觉得不给机会让他去训练造就，委实可惜。我的想法和教练不谋而合，虽然别的任课老师因他功课不行而反对他去训练，但我还是坚持己见。萝卜青菜各有所爱，我们的教育不可能把每一个学生都培养成科学家，何必要强人所难。就这样，顾健行进入了体训队。仅半年时间，他便成了全校闻名的长跑明星。更可喜的是，这期间他的功课不仅没有落下，反而还有了不小的进步，整个人看上去越发精神，俨然一个运动小将。

这天上学，我刚进校门，就见有学生围成一大圈，不知在看什么新鲜玩意儿。我上前扒开好几个挤在一起的小脑袋，发现竟是顾健行被围在中央。只见他手里捧着两个崭新的大足球，好多同学都羡慕地围着，不时伸出手去摸一摸。顾健行正在兴致勃勃地讲着什么，一看见我就闭了嘴，我猜想他大概在介绍足球的来历吧。我也没有多考虑，只是催他们应该进教室了，别堵在校门口影响别人进出。

下午上写字课，我见顾健行耷拉着脑袋，目光呆滞，一脸的颓丧。我布置写字，大家都动起来了，他

只吃嘴边大饼的孩子

似乎没听见。

"顾健行，是不是被两个足球踢伤了，写不动字啦！"我半开着玩笑。

"老师，他的两个新足球被体育老师没收了。"不少同学争着告诉我。噢，难怪他一脸的不高兴。

原来，中午他把两个足球都带到操场上，自然就成了许多同学注目的焦点。不少同学都忍不住要踢一踢，可顾健行只愿意用一个踢，另一个则放在操场边上他脱下的外衣上面，不让别人动。开始同学们还忍得住，后来见操场上的同学踢得那么带劲，便忍不住想试探着在操场边上踢一踢。顾健行正踢得自顾不暇，边上的同学见有机可乘，便愈加大胆，也踢得忘乎所以。很快两队人就混战到了一处，顾健行一脚射门。眼看球要进了，节骨眼上被边上跑来抢另一个球的同学撞偏了，这下可把顾健行和他那一队人惹火了。顾健行一把抱起另一个足球，不再让那一队人踢了。谁知那一队也踢到了兴头上，早已忘了球的主人是谁，抢着硬要踢，于是发生了争执，双方动起了手脚，在操场上各不相让。正好体育老师经过，劝说不住，便把两个足球一起没收了。

"老师，能不能替我去求求情，让体育老师把足球还给我，要不我妈妈知道了会骂我的。"顾健行可怜巴巴地看着我。

"你把字写好，足球的事我一会儿去问问。"为了使他能安心上课，我先给他吃了一颗定心丸。

写字课结束，我走进办公室，见桌上放着两个足球，正是顾健行被体育老师收去的那两个。事情明摆着，体育老师把足球交给我，由我这个班主任来处理这件事。

放学了，我让同学把顾健行叫到办公室来。他一进门见到那两个足球，眼中立刻放出光芒，还忍不住用手拍了拍，那情景不亚于失散的伙伴意外重逢。

"老师，能把球还给我了？"他满脸的兴奋。

我点了点头。他还将信将疑地补了句："真能还我了？"

见我再次点头，他便一把将两个足球抱到怀里，生怕有人抢走似的，并对我鞠了一躬，不等嘴里的"谢谢老师"说完，就急着转身要走。

我让他再耽搁一会儿，他只能收住脚，向我伸伸舌头，扮了个鬼脸。我问他球是谁给买的，他说是妈妈买的。

"为什么一次要买两个呢？"我好奇地问。

"不为什么，我对妈妈随便说了句最好买两个，她就真给我买了两个，花了近 500 元钱。"他语气中

只吃嘴边大饼的孩子

透着自豪。

"你妈真大方！她是干什么工作的？"

"开饭店的。她还说，如果我期末考试都得优秀，就带我去欧洲玩儿！"

真不愧是经济条件好的家庭，连对孩子的奖赏都令常人望尘莫及。看着顾健行手中捧着的两个足球，我不免感叹，真不知那些单纯靠物质来刺激孩子好好学习的父母，最终要把他们的孩子引向何处？如果教育真如他们理解的那样简单，靠物质刺激便可达到目的，那么老师就不必这样操心了。

"老师，您还要问我什么？"见我不发话，急着回家的顾健行忍不住提醒我。

"老师还想知道，你为什么要把两个足球都带到学校来。"

"我是带来玩的。"

"你一个人同时要玩两个球吗？"

"只要一个。"

"那你为什么还要再带一个呢？这样带来带去不嫌麻烦？"

"我明天不带两个球来了。今天都带来是怕同学不相信我有两个足球，他们说我吹牛。"

"那另一个放在家里有什么用呢？"我再问。

"放学回家再踢。"

"一个人踢有劲吗？"

"没劲。"

"那另一个足球不就多余了吗？"不知为什么，我要一个劲把他视为宝贝的足球说得没用。或许是对他家长那种过分溺爱的做法心存反感。

"那另一个足球该怎么办呢？"他问我。

"买也买了，总不能丢了，怎么办由你决定。"

第二天早读，我看到顾健行只带了一个足球。

晨会课上，我和大家分析了昨天因足球发生的不愉快的事情，并由顾健行的两个足球引到了平时要讲节约，千万不能浪费的话题上。当我一席话讲完，顾健行举起了手。我问他有什么事，他没说话，而是弯下身去把地上的足球抱了起来。

"老师，我想把这个足球捐赠给咱们班。"他边说边走到我身边，把球递向我。

"是因为刚才我说到了你吗？"我怀疑他是一时冲动才这样做。

"不是，我昨天晚上就有这个想法了，早上我把这个想法跟妈妈说了，她很赞成。"

见他说得诚恳，我让班长张丽代表全班接受捐赠。班长很认真地从顾健行手中接过了那个崭新的足球，

只吃嘴边大饼的孩子

全班同学都报以热烈的掌声。

从此，我们班有了一支小小的足球队。"长跑明星"顾健行则又多了一项桂冠——"足球队长"。

爱喝生水的孩子

活动课上，周龙龙告诉我，瞿进课间在厕所对着水龙头喝生水。喝生水？大冬天他竟不怕凉？学校不是有热水供应吗？一连串的问号让我觉得有必要和瞿进谈谈。

放学后，我让瞿进留下来。或许他已经得知自己喝生水的事被人告发了，因此显出一脸的紧张。

我问他："你知道有一种虫叫蛔虫吗？"

他轻轻地应了一声算是回答我。

"蛔虫是人体内的一种寄生虫，专门吸收人体内的营养，对人的危害很大。这种虫最爱往不讲卫生的同学肚子里钻，特别是喝生水的同学。"我接着说。

"真的吗？徐老师，我喝过生水，怎么办呀？"这下他着急起来。

"有蛔虫在肚子里，不仅肚子经常会疼，而且整个人会变得有气无力，严重影响生活和学习。"我故意不看他，只顾自己说话。

"徐老师，您说呀，我现在该怎么办？我的肚子里有蛔虫了吗？"听他再次焦急地问我，我真有点忍不住想笑。

"你先告诉我，为什么不喝开水，却要跑去喝生水？"我问。

"生水好喝，开水没味道，在家妈妈允许我喝生水。"他的理由似乎很充分。

"我觉得开水好喝，又卫生。生水不卫生，我从来不喝生水，你看我的脸色比你的红润多了。"我把脸凑到他的眼前，故意夸大其词。

"我的肚子里真有蛔虫了吗？"他又一次问我。

"可能吧。如果你答应我今后不再喝生水，我就帮你赶走蛔虫。"

"真的吗？那我保证以后不喝生水，就是妈妈让我喝，我也不喝。"他的脸上马上多云转晴。

"我怎么相信你？"

"我写一份保证书，明天早上交给您，好吗？"

"那好吧，不过要是你再喝生水呢？"我想再给他敲一下警钟。

"不会的，我这个人很讲信用。"他拍拍胸脯。

"好吧，那我现在就告诉你怎样驱虫。过几天，保健阿姨将给每位同学发两片驱虫药，你只要按要求

只吃嘴边大饼的孩子

把它吃了就没事了。但如果你继续喝生水，就还会有蛔虫钻进去，那时不仅会肚子疼，严重的话还要开刀。"

"哇！"他大叫一声，看样子着实害怕了。

送走了瞿进，我马上给他妈妈打了个电话，为的是让她在对待孩子喝生水一事上的态度能和我一致。在电话中，她告诉我，一开始她也不允许孩子喝生水，后来没办法就由着他了。为了孩子的健康，我再三叮嘱她，千万不能再任由孩子喝生水了。

有些家长宠孩子竟宠到了听之任之，不分好歹的地步，真是太不应该。

有些爱很多余

深秋已过，慢慢能感觉到冬的寒冷，但这几天的气温却不低，中午最高气温达到十七八度。孩子们爱玩，如果衣服穿多了会很不舒服，所以这几天，大家都穿得很少。

这天下午，外面突然刮起了一股很强的西北风。

"冷空气来得这么快！""昨天天气预报说至少到明天上午冷空气才来！""好冷啊！"办公室里的老师七嘴八舌地议论，一个个边说边打哆嗦。

是啊，这么冷，教室里的孩子怎么办？我不禁担心起来。

这时，陆陆续续有一些人走进校园，大概有十多个，一看就知道，他们是专门来给孩子送"温暖"的。周龙龙同学的奶奶也来了，我看见她去敲四（1）班教室的门。平时我不允许家长打断老师上课，可今天这么冷，就算破个例。周龙龙的奶奶刚离开，沙青的妈妈又来了，她捧着棉衣到办公室请我给沙青。我答应了她，并告诉她再过十分钟就下课，一下课我就去把衣服送给沙青。等到下课，我们班没见有第三个家长来送棉衣或棉鞋。

我知道周龙龙的奶奶和沙青的妈妈都不工作，属于专门照顾孩子的家长，她们对孩子的关爱令我十分佩服。而这两个孩子是班上最任性、最不懂事的。这也不能怪孩子，每天都有奶奶或妈妈护着、疼着、爱着，自然就容不得半点不开心。与别的孩子相比，他们自然多一份娇气和傲气。我拿着沙青的棉衣，突然觉得周龙龙的奶奶和沙青的妈妈正是专门培养孩子不良习惯的"罪魁祸首"。难道不是吗？那些没有人送棉衣、送棉鞋的几十位同学，不都好端端地坐着吗？

尽管我非常希望孩子们在冷空气突至时，都有温暖的棉衣或棉鞋，但我又希望孩子们面对突然的寒冷能咬咬牙挺过去，因为这也是对他们的锻炼。如今的

只吃嘴边大饼的孩子

孩子多么缺少这样的锻炼机会啊！家长爱孩子，天经地义。但爱到了使孩子得不到半点儿培养意志和耐挫力的机会，那无疑是一种遗憾。只可惜，周龙龙的奶奶和沙青的妈妈是不会想到这一点的。

更多忙忙碌碌的家长，在一门心思无微不至地关爱孩子的时候，是否也有过这样的念头：有些爱是多余的。

幸福启示九：要爱不要宠

　　每天清晨，在小学和幼儿园的门口，总有一道独特的风景：电动车、摩托车、小汽车从四面八方聚拢来，从车上走下一个个穿戴整齐、活泼可爱的孩子。孩子的身后，或衣冠楚楚的年轻父母，或鹤发童颜的爷爷奶奶，纷纷拿着书包，不时叮咛，关爱之情溢于言表。

　　每天放学，同样的一班人又欢天喜地上演一出"喜相逢"，天真活泼的孩子像群蜂一样飞出校门，扑向恭候在门外多时、正急切地呼唤着各自宝贝的接孩族的怀抱，然后一齐上车"胜利大逃亡"。每当看到此情此景，我就感到现在的孩子太幸福了，他们正享受着古代王孙公子也享受不到的幸福。

　　就全世界的父母爱孩子来说，美国父母和中国父母是其中的两个典型，美国父母因放手不管而闻名，中国父母则因大包大揽而闻名。如果以中国父母的爱为标准的话，美国父母可谓不负责任。中国父母整天唯恐对孩子爱得不够，每天，孩子的书包，父母代替收拾；孩子的铅笔，父母代替削尖；孩子的钢笔，父母代替灌墨水；老师要求孩子的事，父母全替孩子想着……

　　有一件真实的事情：一天正在数学测试，我见有一名学生老半天都不动笔，问他怎么回事。他说昨天晚上他妈妈加班，没有人给他削铅笔，以至于他的铅笔盒中

只吃嘴边大饼的孩子

的四支铅笔全都没法用。听着他对妈妈的埋怨，我心里真不是滋味。一个四年级的学生，自己不削铅笔，还要埋怨妈妈。我真不知道，父母如此包办代替能给孩子带来什么好处？

有趣的是，我曾看到一组与孩子不会削铅笔有着异曲同工的漫画。画上是一只打扮得十分漂亮的猫。一天，猫在路上散步，和一只老鼠不期而遇。老鼠急忙要逃，猫则在后面大喊："鼠老弟，别跑，我们一起来玩！"老鼠说："我怕，太危险了！"猫又急着大喊："你怕什么，都什么年代了，我早改行了，现在我每天鲜鱼活虾还吃不完，谁还稀罕你那一点排骨。"现实中猫的形象也的确如此，人们已很难目睹猫抓老鼠的风采了。猫早已被人宠坏了，整天不是呼呼大睡，就是和主人一起迈迈猫步减减肥。如今的父母宠孩子自然更胜于宠猫，饭来张口，衣来伸手，吃饭怕噎着，走路怕摔着。宠爱带来的结果便是很多孩子体懒脑惰，任性刁蛮，不学无术。

父母对自己的孩子爱得不够，孩子会感到痛苦；而过于溺爱，却会给孩子带来许多不良影响。我在读小学时，听过这样一个故事：古时有个孩子从小恣意妄为，而他的父母却从不加以约束，结果孩子长大后杀了人，最后被判极刑。临刑前，孩子提出想再吸吮一次母亲的乳汁，母亲就解开衣襟喂他。他一口咬下了母亲的乳头，并哭着说："当初你要是早些管教我，何至于有今日之死！"

"天将降大任于斯人也，必先苦其心志，劳其筋骨，饿其体肤，空乏其身，行拂乱其所为，所以动心忍性，曾益其所不能。"望子成龙、望女成凤的父母，想让孩子有一个美好的未来，不妨多学学美国父母那种"不负责任"的做法，放开手，让孩子去碰钉子，碰墙壁，去多吹一点风，多淋一点雨。否则，当父母无力再给孩子关爱和保护的时候，孩子将会碰更多的钉子，碰更多的墙壁，吹更多的风，经更多的雨。

只吃嘴边大饼的孩子

第十章

孩子的心容易被伤害

孩子的心容易被伤害

每个孩子都是单纯的、天真的，但孩子的心思又是细腻的，孩子的心容易被伤害。很多大人不以为然的事，孩子会当真，有时还会很纠结。带着如同孩子一样细腻的心和他们相处，便会发现，教育无小事，处处是良机。

孤独无依的孩子

最近一段时间，我总觉得运动健将顾健行上课无精打采。我猜想可能是这几天训练超量，太疲倦的缘故。每次上课见他打瞌睡，我都很客气地给他提个醒就算过去了。我怕影响他的训练情绪，因为再过一个星期他将要去参加全市小学生田径运动会。如今他是学校的重点培养对象，任课老师都要尽量少布置作业，以便让他有更多的时间去参加训练。

就在离比赛还剩一周的时候，他的教练来找我，问我是不是最近布置的作业特别多，使顾健行训练时一点精神都没有。我说跟往常一样，并不多，那点作业对训练绝不会有任何影响。

"那他训练怎么一点儿都不在状态呢？问他是什么原因，他总是支支吾吾的。"教练很着急。

"你问我，我正想问你呢。他上课也是耷拉着脑袋，好像训练过了头，整天一副没睡醒的样子。"我表面上虽然开着玩笑，心中却犯了疑：顾健行一向活泼好动，最近一反常态，到底怎么了？我断定里面大有文章，便下决心弄个水落石出，否则一周后那枚最有希望到手的金牌肯定会泡汤。

当天晚上，我特地邀了他的教练和我一同去家访。

开门的是顾健行的爷爷，我认识他，他多次到学校来给顾健行送过雨伞。只见他手上沾满了肥皂泡，脚边放着一大盆乱七八糟的衣服。顾健行正在做作业，见我们进来，只轻轻地招呼了一声，便傻站在那儿，全无往日的活泼和朝气。我问他爸爸妈妈在不在家，他似乎没听见。

我又问了一声是不是有什么事，他竟掉下了眼泪。他爷爷则在一旁一边胡乱地洗衣服一边叹气。

原来不久前，顾健行的爸爸因为爱上了别的女人离家出走了，妈妈一气之下把顾健行抛给了他的爷爷，与一个外地老板私奔了。家中的两个顶梁柱一下子都脚底抹了油，撇下这一老一小相依度日。

我终于明白了，家庭的变故让幼小的心灵过早地蒙上了痛苦的阴影。面对凄惨的现实，我当时竟找不出一句合适的话语来安慰顾健行。家访回去的路上，我一直在思考如何帮助这个孩子，否则再好的苗子也会被残酷的现实摧垮，毕竟他才 10 岁。

为了让他摆脱心理重负，早日走出生活的阴影，第二天一早，我便找他谈心，鼓励他面对生活的挫折要乐观向上，不怕困难，敢于当生活的强者。接着，我又在班上以"我与顾健行同行"为主题，提前上了一堂主题班会课。在讨论中，许多同学为顾健行在家庭生活中的不幸遭遇掉下了眼泪，懂得了要珍惜属于自己的幸福生活，大家还决定组成五个"雏鹰小组"，轮流帮助顾健行做家务。面对同学们的一片真情，顾健行激动地说："请老师和同学们放心，我今后一定不怕困难，刻苦训练，发愤学习，以出色的成绩报答大家。"

之后，在全市小学生田径运动会上，顾健行一人夺得两枚金牌，他果然没有辜负大家的希望。

妈妈去哪儿了

星期一，张丽把同学们的日记本放到我的办公桌上。每星期写一篇日记，同学们都喜欢在上面留下一些心里话，我也特别强调过，日记中一定要记真实的事，表达真实的感想。我这样要求，不仅是为了提高学生的作文水平，而且也有利于我走进学生的内心世界，从多方面了解学生。

我翻开王君君的日记，她这样写着："'五万''红中'……客厅里传来妈妈打麻将的声音，此时，我已无法再做作业了，一股强烈的厌恶感从我心底升起。我恨她，恨这个爱打麻将的妈妈。妈妈为了打麻将，竟让奶奶包揽所有的家务活，更别提关心我的学习了！昨天，我拿着测试卷给她看，她看着鲜红的'优秀'，居然不屑一顾地说一句'考这么好干什么'，随手从麻将桌上拿起10元钱扔给我算是奖赏。我拿着钱回到房间痛哭了一场……我的妈妈不见了，她没有陪伴我，不在我身边……"我相信王君君的日记是真实的，读完只觉得心头有一股说不出的压抑。

王君君是个聪明懂事的女孩，如果家长能悉心培养和正确引导，她定能成为一个特别优秀的人。

这个问题困扰了我两天。第二天晚上，我用了一个小时的时间给王君君的妈妈写了一封上千字的信。信中，我首先介绍了王君君在学校的表现，并高度评价了王君君。接着，把日记一事告诉了她，同时从我的立场谈了麻将的危害。最后，我恳切地希望她能从作为孩子"第一任老师"这个育人者角度，与我这个老师配合，陪伴孩子成长，帮助孩子取得更大的进步。

第三天放学时，我把这封信给了王君君，让她交给她妈妈，并告诉她："老师会处理好这件事，别多想，你只管专心读书。"

王君君高兴得眼泪都快掉下来了。

其实我对此并没有十足的把握，只是我满怀信心地期待着。

几天以后，从王君君口中得知，她妈妈拿到我的信并没有及时看，当时还说我无聊。后来，不知怎么了，她仔细看了那封长信，还看了好几遍，看过之后，连续几天都没有打麻将。总而言之，她妈妈变好了，对她的学习也开始关心了。

她妈妈"回来"了。

我不知道她能好多久，或许就这么一直好下去，或许过几天又旧病复发。但不管怎么样，我觉得对她的提醒绝不是多管闲事。作为一名教师，我有必要站在孩子的立场去正视问题，解决问题，这是我的责任。

孩子是社会的未来，培养孩子的责任不光属于教师，家长更负有不可推卸的责任。如果一个家长在对待孩子教育的问题上能以身作则，那么这个家庭肯定是幸福的、充满希望，这个家庭里的孩子也一定是有理想、有抱负的。

日记风波

季晓波最近有点反常，中午的作业连续三天没按时完成。仔细算算，中午吃饭是11点，他回到教室应该不超过11:30，而下午1点才开始上课，这期间有一个半小时，为什么做不完只需10分钟就能完成的作业？或许是贪玩，或许另有隐情。不管怎样，我决定先来个秘密侦察。思来想去，我决定让郑翔担此重任。郑翔眼明手快、头脑灵活、记性好、交际能力强，这事非他莫属。我随即找来郑翔，向他交代了任务，让他从星期四起就开展侦察工作。

星期四放学后，郑翔向我汇报了一天的侦察结果。

他告诉我："11:30 到 12:50 之间，季晓波去过 4 次厕所。除了累计 15 分钟时间在教室，其余时间他都在厕所里。"

"他在厕所里干什么？"我很好奇。

"他躲在最后一扇门里面，在硬皮本上写字，很认真，好像还哭了。"

"他写什么？"我更加好奇了。

"我没看清楚，可能是写作文吧，写到感动的地方才会哭。"

偷偷写作文，这不大可能。为了弄清事实，我决定去家访。

暮色降临，公寓楼的许多窗口都透出了灯光。

"402 室。"没错！确认地址准确无误后，我开始按门铃。好久没人来开门。我接着按，因为从门缝里透出的一丝亮光，可以断定家里有人。又过了很长时间，门终于开了一条缝。

"找谁呀？"一位中年妇女露出半个脑袋冲着我问。

"您是季晓波同学的妈妈吧。您好！我是他的班主任，我能进去吗？"几乎对每一名同学的家访我都是这么说的。她迟疑了片刻才把门完全打开，我觉得有点儿不对劲。

跨进门去。天哪，这是怎么啦！饭桌四脚朝天，玻璃碎片撒了一地。看得出，一场"战火"刚刚结束。一位中年男子边扶起饭桌边向我尴尬地点点头，算是跟我打招呼，接着便冲房里喊："晓波快出来，你的老师来了！"

"请坐！"扫完碎片的晓波妈妈指了指沙发对我说。我冲她笑了笑，见晓波不出来，便自己走进了房间。他正趴在写字桌上，脸上挂着两行泪珠。

"告诉老师，发生了什么事？"我心疼地为他擦去眼泪。

"爸爸妈妈又吵架了，还摔东西呢，太可怕了！"他扑到我怀里。

我想了想，说："晓波，爸爸妈妈的事，他们自己会处理好。你呢，只要管好自己。听说你有一本硬皮本，现在能拿出来给老师看看吗？"

听我这么一说，他马上从我怀中挣开，紧紧地抱住桌上的书包，好像捧着一件宝贝。

"晓波，老师已经知道你的心事了。你给老师看，老师保证不告诉别人，咱们拉钩。"

他迟疑了一会儿，慢吞吞地伸出手来。拉完钩，他郑重地把硬皮本捧到我手里。我接过来，迫不及待地打开，见第一页开头写着："爸爸，你和张阿姨的事我比妈妈早知道。我恨你，更恨张阿姨，她抢走了你。妈妈最可怜，因为你不再像以前那样对她好了。最近她老是头疼，可你一点儿也不关心她，不仅不关心她，还打她。你不对！你不对！"看完这一页，我往后翻了翻，数了一下，他一共写了6页。我再也看不下去了，努力控制着自己的情绪，不让眼泪流出来。

过了一会儿，我握着硬皮本来到客厅。

"这是您儿子写的，您看看吧！"我把本子塞到晓波爸爸的手里。两位家长便凑在一起看，看着看着，全成了泪人。

"不管大人有什么矛盾，都不应该让孩子承受压力，不应该以牺牲孩子的幸福为代价，这对孩子来说是不公平的，对孩子的成长会造成极大的不利。晓波很聪明，也很讨人喜欢，只要给他一个健康的学习、生活环境，他会成长得既快乐又苗壮。"我说完便匆匆告辞了。晓波的妈妈一直送我到楼下，还再三感谢我对晓波的关心。

第二天，季晓波的中午作业早早便完成了。他还偷偷地告诉我，爸爸终于向妈妈认错了，还保证以后不再和张阿姨来往了。看着他漾起的久违的笑容，我心中的一块石头总算落了地。

来之不易的钱

还有半个月就要放寒假，学校布置各班要补收费用，四年级每人交145元。

放学前，我把要补收费用的事跟同学们一说，大家都表示听清楚了。我让他们最好第二天就带来，他们都很响亮地保证说"好"。

第二天一早，有一半同学把钱交到了我的手里，另一半没交的我也没问他们是什么理由。我知道，不问比问还管用。经验告诉我，学生个个都是争强好胜的，已有一半交了，另一半岂能坐视，最迟一两天都会主动交齐。

果然不出我所料，仅过了一天，全班仅剩下刘田一个人没交了。我问他什么时候交，他说明天。可到了明天，他依然没交。我觉得他可能有困难，便问他："你爸回来了没有？"

"我爸一直都不在家。"他看着我，眼睛忽闪忽闪的。

"那你现在跟谁一起住？"

"我跟姥姥在一起。"他说话有点儿哽咽，一副委屈的样子。

"那你姥姥怎么说的？"

"她说明天就给我钱。"

听他这么回答，我心中的一块石头算是落了地，我想他明天肯定会交，补收代办费这事我可以交差了。

可是到了第二天，他依然没把钱交来。他食言了，我有一种被戏弄的感觉。

"你说话到底算不算数？"我不禁有点儿气愤。

"我姥姥说今天她会给我钱，不骗您！"

"还不骗？老师都被你骗了几个明天了，天天是明天，叫我如何相信你？"

坐在他周围的同学也纷纷对我说："老师，不要再相信他了，他是个骗子！他是个说谎专家！"在同学们的叫嚷中，他低下了头，脸红红的。

婚姻破裂的家庭，对许多孩子来说是一种伤害。

又过了两天，刘田终于带钱来了。同学们知道了，争着跑到办公室来告诉我这个好消息。其实这几天，我早已不把这当回事了。我想一旦学校催交，无非我先替他垫上罢了。谁让我摊上了这样一个爹妈都不管的孩子呢！这两天我也一直没有问他有关钱的事。如今他竟主动带来了，这让被他骗了数次的我和同学们能不高兴吗？

我赶忙起身跟着向我报信的同学来到教室。一见我，刘田便从座位上站了起来，我猜想他要上来把钱交给我。我便站在讲台旁等着，可过了好一会儿，他也没离开座位。真奇怪，我搞不清他的葫芦里又卖什么药。

"你到底带钱了没有？"我直截了当地问。

他点了点头，依然没离开座位。

我走到他身边，换了个语气："告诉老师，是不是又有什么事？"

我的话一说完，他便开始在书包里摸索，摸索了好一会儿，才抽出一个塑料袋，袋里装得鼓鼓的。

"老师，这是我姥姥早上给我的，她让我告诉您，这是卖菜挣来的钱，都是零钱，还差30元。等她再卖两天菜，攒了钱就给我，我再交给您。"说着，他把塑料袋交给我。

我打开塑料袋，里面放满了叠得整整齐齐、铺得平平整整的零钱，只有少数几张的面额是10元、5元，其余都是硬币。我当着他的面，把钱倒在讲桌上，一张张认真地数着，我知道我正数着的虽然是一堆常人不太在乎的零钱，可它却包含了一颗老人的心。

刘田站在我身边，看我点得那么仔细、那么认真，似乎也明白了什么。

还差 30 元钱，我给他垫上了。他知道后，显得极为感动。期末测试，他取得了比较好的成绩。他能考到这样的成绩，不少老师和同学都说不可思议。而我则体会到：对那些生长在不幸家庭中的孩子是需要特别关注的，我们的点滴爱心往往正是他们发愤学习的无穷动力。

心事重重的女孩

这天早上，我在学生们起劲的读书声中走进教室。班长张丽俨然像个小老师，边读还边踱步，如果有哪个同学坐的姿势不对，她便及时上前指出并纠正。我环视一周，同学们在她的领读下都读得很认真。见一切正常，我便满意地坐下来查阅已经叠放在讲桌上的家庭作业。

正查得入神，只觉得胳膊被人轻轻碰了一下，抬起头，见张丽用眼神提示我什么，并指了指下面，便走开了。下面的同学没有发现她的举动，依然读得十分卖力。我顺着她指的方向看了好一会儿，终于看出了苗头，坐在倒数第二排的田小云读书时把头埋得低低的，两边的头发垂下来把整张脸都遮住了，让人无法看清楚她是不是在读书。我盯着她看了好一阵，她还是那副姿势。

我悄悄地走到她身边，用手轻轻在她桌上敲了敲，以为她会抬头，然而她只是把埋着的头稍稍转了转，面无表情地看了看我，头发依然遮住大半个脸。

我示意她跟我到教室外边去。她站起来，照样还是低着头，默默地跟在我后面。

在平时的观察中，我知道她是个性格内向的女孩。到了外边的走廊里，我说有话要问她，让她把头抬起来，眼睛看着我。

她却干脆用双手捂住了脸，我不禁皱起了眉头。

"你为什么不抬头，还要捂着脸，是不是不爱听老师跟你讲话？"我问。

她一个劲地摇头，不停地说："我太难看了，我太难看了……"

"我们天天见面，有什么难看好看的。我还是昨天的我，你不也还是昨天的你？"为弄明白究竟发生了什么事，我耐心地开导她。

"我会吓着你的。"她还在坚持。

"你信不过我？"我有意激将。

"不是的，不是的。"激将法起了效果。为了否定我的说法，她不仅抬起了头，还松开了捂在脸上的双手。就在她松手的一瞬间，我的目光透过她的指缝扫到了她的脸，当时我真被吓了一大跳。昨天还粉嘟嘟的脸蛋，一夜之间竟平添了三条叫人触目惊心的犹如黑蜈蚣似的疤痕。

"告诉老师，究竟发生了什么事？"

我的问话引出了她成串成串的眼泪。过了好半天，她才止住哭泣向我道出了原委。

田小云的父母生了她和弟弟两个孩子。她 10 岁，弟弟 7 岁。家里发生任何矛盾，父母总向着弟弟，最后受委屈的总是她。平时看电视，遥控器也总是弟弟掌管，看什么都得听他的。看到精彩处，即使弟弟笑得夸张，笑得一家人都听不到电视里讲什么，父母也不会责怪他，反而还会陪着他一起乐。如果田小云高兴得笑出声来，父母就会怪她疯疯癫癫，一点也不注意女孩子的形象。每当这个时候，她就会恨自己为什么不是男孩，而偏偏是个女孩。昨天，她在做家庭作业，弟弟见她新买的钢笔好看，一定要拿过去看看。她急着写作业，没有拿给弟弟看，弟弟便哭。一听到弟弟哭，妈妈就让她把笔给弟弟，弟弟拿过笔高兴得到处乱写。她很心疼，可又没办法。过了好半天，弟弟也不还给她。她急了便一把夺过去，弟弟抢不过她，便使出撒手锏，一屁股坐到地上。妈妈听到了，不分青红皂白就把她骂了一顿，让她把笔给弟弟玩。她说什么也不肯，弟

弟见有妈妈助阵，便到她手里抢。毕竟没她力气大，弟弟抢不过，一急眼使出了坏招，她脸上的3条血痂便是弟弟的杰作。

听着她的哭诉，我真为她的遭遇而不平。父母在处理孩子间的纠纷时不讲究方法，一味以大让小为原则，为讨小的欢心而不顾大的心理感受，这不能不说是家庭教育的一种失误。这种失误的教育在非独生子女的家庭教育中又是何等普遍。这种教育的结果只有一个：小的得寸进尺，大的心理失衡。如果大的是女孩，那她心理失衡的表现会比男孩更加明显。她们在埋怨大人处理不公的同时，还会更多地埋怨自己为什么是女孩。长此以往，这样的女孩就会走向封闭，变得内向。田小云便属于这样的女孩。

"老师，为什么女孩就不如男孩呢？"她果然向我提出了我正思考的问题。

在她的心底，她脸上的三条血痂就是女孩不如男孩的最有力的证明。还有什么能比已经给她的心灵造成明显伤害的现实更有说服力呢？

我没有直接回答她，而是跟她讲了著名女物理学家吴健雄的故事，接着又讲了居里夫人的故事。她听着听着入了神，原先在眼眶里打转的泪水也不见了。我想她已经从中明白了我要说的道理：巾帼不让须眉。

如今男女平等，还有谁能说女子不如男！

事后我专门进行了一次家访，与田小云的父母交换了意见，收到了比较好的效果。

受益良多的家长会

我们学校的家长会一学年要开四次，会议分班举行。

这天要召开这一学期的第二次家长会，家长们都来得很早，差不多提前半个小时就到了。每次开家长会都是这样，家长们的热情很高，于是我早早打开了教室的门。

家长会正式开始了，首先一起听校长在广播里讲话，家长们都听得极为认真，没有人抽烟，也没有人讲话。校长讲话完毕，便进入第二个议程，班主任向家长汇报班级情况和征求家长建议。事前我对讲稿进行了精心的准备，既要讲清问题，还得抓紧时间，利用这样难得的机会让家长们多交流一下家教体会。

说到家教体会，无论是成功的还是失败的，家长们总能聊很多。为了使家长们能增加一点收获，一个星期前我便让每个学生回家请家长撰写家教体会。对这个特殊的任务，大多数家长都很认真。几天后，我便收到了一大沓由各位家长写好了让孩子带给我的体会文章。经过和数学老师一起评议,最后我们挑出两篇很有特色的体会文章作为家长会交流的重点。

第一位被我请上台交流的是班长张丽的爸爸张培好,他是某公司的副总经理,常年在外跑业务,很少有时间在家陪孩子。张丽的妈妈只有高中毕业,对张丽的管教也不多,而这个孩子各方面的表现都令别的家长羡慕,这里面有什么奥秘呢?在大家期盼的目光中,张培好谈了如下体会:"我最大的体会就是一个'放'字,放手让孩子去想、去做、去学,我从来不去约束她,更不去强制她要干什么、不要干什么,我喜欢看着她按她自己的意愿去做事。我所给予她的就是充分的信任和不断的鼓励,因为我觉得,在很多时候,对孩子的教育'放'比'管'更适合……"

他的一席话虽然让台下不少家长瞠目结舌,然而他凭着这一套,的的确确成功地培养了一个品学兼优、全面发展的好女儿,事实胜过雄辩,不得不叫人信服。

传统的教育观念是"养不教,父之过;教不严,师之惰"。面对张培好"放养"出的好女儿,在新形势下如何有效地教育这一代孩子,令人深思。

第二位上台交流教育体会的是葛天力的妈妈,她更多地谈到了应该让孩子吃苦,培养孩子管家、自立、自强等一些相当有创意、有价值的观念。这又引起了家长们的强烈共鸣。

家长会在紧张融洽的气氛中结束了。看着一个个意犹未尽的家长，我深深地体会到，他们多么需要这样一种真正有收获的交流机会啊！我深信，下一次家长会，他们会来得更早。

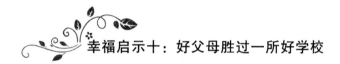

幸福启示十：好父母胜过一所好学校

那年我教四年级，刚开学我发现有好几个基础较差的同学老是完不成作业。我就想，家长明知自家的孩子基础不好，怎么还不督促一下呢？要说现在的人普遍忙是事实。有一天，我问其中一名同学的爸爸是干什么工作的，他告诉我他爸爸是做生意的，经常不回家，我感觉情有可原。我又问他妈妈是干什么工作的，他便抿着嘴不回答。住在他家附近的同学则抢着替他回答："搓麻将的！"我真是大吃一惊，平生第一回听到世界上竟还有这份工作，四年级的学生能如此幽默地回答，谁听了都会感到愕然。

家是人生的第一课堂，在这个特殊的课堂上，父母是孩子的学习榜样和人生导师。毛泽东在《祭母文》中曾这样追念自己的母亲："吾母高风，首推博爱。远近亲疏，一皆覆载。恺恻慈祥，感动庶汇。爱力所及，原本真诚。不作诳言，不存欺心。"由此可以看出，毛泽东之所以成为伟人，与其母亲优秀的精神品质及潜移默化的滋养是分不开的。

为了解一些优秀孩子的成长之路，有家地方媒体曾对当年当地被保送进名校的三位学生进行采访。这三位学霸在谈及各自的成功时，竟无一例外地都认为父母的榜样作用对他们的成长帮助巨大。清华大学保送生小开的体会是："父母的教育方式不一定都是对的，但他们给我的是一种好的信念。小学时，我的成绩并不突出，在班级也就三四十名，父母说如果努力我完全可以学好，要我把潜力完全开发出来。我能感受到他们对我的那种爱，每一个人都在为家庭而努力工作，我的任务就是好好学习。"北京大学保送生小博的体会是："父亲是一名大学教授，从小就注重培养我良好的学习习惯。我写作业时，他总在旁边看书。后来我上了中学，每次熬夜学习时，父亲屋里的灯也总是亮着，我能感觉到他在和我并肩战斗。"武汉大学保送生小丹的体会是："父母在潜移默化中对我帮助很大，我在高中时感觉那些学习好的同学像神一样。妈妈告诉我，这个世界上根本没有神，只是别人努力时你没有看到而已，没有什么是不能超越的，这对我影响很大。我的爸爸是一个很理智的人，当我想要某样东西时，必须列出三四条理由，只要能够说服他，他都会满足我，这培养了我的理智和逻辑思维能力。"

孩子都是在父母的言传身教中长大的，三位学霸的成长无一不证明他们也都是普通孩子，只是他们父母的良好示范和智慧引导成就了他们。近代史上著名的"宋氏三姐妹"更是良好家庭教育的典范。这个典范的创造者是宋耀如夫妇。民主主义革命先驱、享誉海内外的实业家宋耀如不仅经商有方，而且教子有方。他培养的六个子女都很优秀，特别是宋庆龄三姐妹，一位是国母，一位是总统夫人，一位是行政院长夫人，他的三个儿子也都是民国政治、经济舞台上叱咤风云的人物。据说，为锻炼孩子们的意志力，宋耀如会刻意在电闪雷鸣时带着大女儿宋霭龄一起到屋外淋雨，宋庆龄长到四岁时，就主动要求一同淋雨。为磨炼孩子们坚忍不拔、敢于接受挑战的意志和信念，宋耀如有时会专门带着孩子们到野外徒步，并一起禁食，忍受美味的诱惑。宋耀如的妻子倪桂珍不仅勤俭持家，同样教子有方。为了让孩子们快乐成长，每到周末，宋家就会举办家庭晚会。晚会上，倪桂珍总会弹起钢琴，宋耀如则会随着琴声唱起民歌。若干年后，宋庆龄在谈到父母和家庭时，曾深有感触地说："孩子们的性格和才能，归根结底是受到家庭、父母，特别是母亲的影响最深。孩子长大成人以后，社会成了锻炼他们的环境，学校对年轻人的发展也起着重要的作用。但是，在一个人的身上留下不可磨灭的印记的却是家庭。"

上行下效，孩子都是看着父母长大的。"其身正，有令则行；其身不正，虽令不从。"在人生的课堂上，好父母不只是好老师，更是一所好学校。一个母亲的手能够推动摇篮，也能推动整个世界。

第十一章

教育的方式

教育的方式

我们每个人都是教育的接受者和从事者，孩子在一生中最朝气的年华去接受教育，我们大多数人一生都需要思考教育、实践教育、施加教育。教育贯穿生命，贯穿人类社会。为了最基本的生活，我们需要教育；为了幸福美好的生活，我们更需要教育，教育的方式尤为重要。

世界上唯一的大卡片

那一天，我收到了6朵红玫瑰。

学校风气相当好，无论什么日子，任何老师都不收学生的礼，当然，学生自己做的卡片之类的小玩意儿是可以收下的。

那天是教师节，天气格外晴朗，我的心情也特别舒畅。面对自己的节日，我自然要用比往常更好的精神状态投入到这一天的工作中。

早读课上，同学们读书也读得非常认真，我的心情更加愉快。

早读结束，晨会课开始了。

"同学们好！"我亲切而又大声地问候大家。

"老师，您好！祝老师节日快乐！"

听着那比往常多出的一句问候，我很兴奋。

全体同学坐下后，班长张丽捧着一张很大的卡片走到我面前，向我行了个队礼，说："徐老师，我们事先商量好了，教师节这天，每人对您说一句话。您看，我们把想说的话都写在了这张我们自制的大卡片上，请您收下吧！"

我用因激动而有些颤抖的双手，从她手中接过那张大卡片。全班每个同学都写了一句话，顿时，泪水模糊了我的双眼。

"徐老师，这是我从我家园子里摘的6朵红玫瑰。"不知何时，柯华走了上来，把一束鲜花高高地举到了我的眼前，"这代表六六大顺，祝老师样样顺心。"

教育的方式

185

"祝老师万事如意！"同学们齐声附和，整齐得犹如事先排练过一样。

我手捧着6朵娇艳欲滴的红玫瑰和一张写满祝福、写满真心话的大卡片，觉得自己是世界上最幸福、最满足的人，工作带给我的疲劳一下子全消失了。台下那一双双生动的目光，射得我一下子喘不过气来。

许久，我的心情才稍稍平静下来。我对大家说："感谢同学们对老师的一片心意，有了你们的理解和祝福，老师即使再苦再累也心甘情愿。希望你们能在学习上、生活上以及其他各个方面都以更高的标准严格要求自己，争取更大的进步，不辜负老师对你们的期望。"

同学们纷纷鼓起了掌。

夜深了，我在灯下第五次阅读孩子们写给我的话。

"徐老师，我喜欢您笑。"

"徐老师，有时您比妈妈还好。"

"那天下雨是您送我回家的，您真是个好老师。"

"徐老师，您不仅要上课，课间还常陪我们玩，不累吗？"

"祝徐老师节日快乐，永远快乐！"

"徐老师，您辛苦了！"

看着看着，泪水不停地在我的眼眶里打转。是啊，如此真切、如此纯洁的话语，叫我怎能不感动？我是这样深情地爱着他们，而今我知道了，他们对我也是这般喜爱和体贴。

遇见最美的关怀

整整一个月没有去学校了。这一个月里，我每天待在家里，无时无刻不牵挂着班上那帮孩子：小杨是否能熟记古诗，小凡有没有认真写作文，小卢写作业是否还是那么拖拉……

一个月前，我下楼不慎摔裂了左脚跖骨。摔伤后的头几天我并没有休息，尽管脚肿得像馒头，骨子里生疼，但还是穿着拖鞋一瘸一拐地去了学校。我固执地以为那"馒头"很快会瘪下去，骨头也不会有任何事。其实在我的潜意识里不敢想象，如果因骨折上不了课，该怎么面对孩子们。细心的孩子们发现我的脚受伤了，竟允许我坐着上课，这份小小的关怀令我欣慰。

几天下来，我的脚伤并不见好转，骨子里越发疼痛，每走一小步都十分艰难和痛苦。我被送进医院，得出的诊断是左脚跖骨骨裂。那个上午，医生说什么也不许我再走路，坚持要为我打上石膏，我倔强地说改天吧，还有一些重要的事情要处理。

回到学校，我告诉孩子们，明天我的脚就要打上石膏，要请一个月假，暂时由另外一名老师代我的课，不少孩子听了都轻轻啜泣。我在眼泪流下来之前走出了教室，自己也不明白怎么这么脆弱，竟见不得孩子们的眼泪。

一个人在家休养的日子比想象中要艰难得多，医生嘱咐我要"抬高制动"，可我偏偏闲不住，自说自话，做起了家务，不仅把家里收拾得井井有条，还自己解决午饭问题。静下来的时候，打了石膏的左脚燥热难耐，最难以忍受的是被石膏包裹着的皮肤时常奇痒无比，既抓不着也挠不着，折腾得我心情烦躁。

那一阵，最开心的莫过于晚饭后接到孩子们的电话。那稚嫩的声音从话筒里传来，竟有说不出的可爱和温馨。有那么两次，我竟像孩子般感动得不可收拾，并在电话里诉说自己被石膏包裹着的左脚痒得难受。一个机灵的小鬼为我出了个主意，我按照他的说法找来了细细长长的游戏棒，一层层戳穿纱布，总算触到了痒处，一时舒坦得像神仙一般。

于是，待在家里的日子，心情由最初的焦虑和浮躁变为平和。每当回想起和孩子们在一起的点点滴滴，我会情不自禁地笑。细细想来，和他们共处的日子是多么珍贵和美好，仿佛他们的调皮也是一种可爱，过错也变得美丽。而这些，我平时并没有体会到。

一个月后，也就是期末考试的前一天，我不顾家人的反对，自行拆除石膏，拄着拐杖来到了学校，我要为孩子们上放假前的最后一节课。刚进入校门，远处不知谁喊了一句"徐老师来啦"，便见孩子们像小鸟一样飞过来，抓着我的手问长问短，七手八脚地搀扶我，一直把我拥到教室，按到椅子上。看我满头大汗，他们又争先恐后地递过来折扇和纸巾。我的喉咙哽咽了。

这稚嫩朴实的关怀深深打动了我。人世间最珍贵的莫过于爱，而在明净的校园里，最珍贵的便是师生之间的关怀和互爱。

接受，也是一种给予

那天我上完语文课走出教室，感觉后面"拖了一条尾巴"，猛一下回头，发现童高被一帮男生簇拥着跟在我身后。见我回头，童高立即举起一个东西："老师，中秋节快乐！"

等他们走近了，我注意到，童高托着的是一个苏式月饼。饼皮脱落在手心里，不时有人踮起脚飞快地伸出两根手指捏了一丁点儿碎屑，连同手指一起放进嘴巴。

"老师，给您吃。"童高把月饼递过来。

"老师，这个月饼童高舔过。"一旁的曹一时咬着手指说，"您不能吃。"

我很想笑。

"他胡说！"童高涨红了脸。

我腾出一只手摸摸童高的脑袋："谢谢，你还是自己吃吧。"

童高一本正经地说："老师放心，这个月饼绝对卫生，我保证没有舔过！"

我不喜欢吃月饼，更羞于吃学生的月饼，便再次推辞："你们大家分着吃，老师吃过了。"

男生们手舞足蹈，一哄而上抢月饼。童高噘起嘴巴闷闷不乐，把月饼藏到口袋里，谁也不准吃。

下午放学的时候，童高的同桌跑过来告诉我，童高在座位上生闷气，不肯出来排队。

我怀着好奇心走进教室，来到童高身边。他把书包丢在地板上，坐在椅子上低垂着脑袋，一言不发。

"你怎么啦？"我拍拍他的肩膀，"发生什么事了？"

童高抬起头："老师，今天是中秋节。"

"是啊，那你还不赶快排队回家和家人一起过节？妈妈在校门外等你呢。"我把他从座位上扶起来，帮他把书包背上。

童高一边走出教室一边回头看我，好像舍不得和我分开。

我目送他走过长廊，看见他对我做了一个拍口袋的动作。

第二天上午，在童高的作业本上，我看见这样一句话："老师，你不相信我吗？那个月饼我真没舔过，真的。"

我恍然大悟，原来他一直惦记着我没吃他的月饼。他不愿意回家，还朝我拍口袋，都是因为这件事。

感动之余，我把童高找来，温和地对他说："老师相信你没有舔过月饼。"

"那您为什么不吃？"他望着我，眼神干净透明。

"我从来没有怀疑过你的月饼不干净。"我俯身说，"我只是不好意思吃。你想啊，老师吃学生的东西，多难为情啊！"

童高浅浅地笑了，从口袋里掏出月饼，捧到我眼前："老师，现在没别人，您吃吧。"

我愕然了，还是那块月饼，只不过因为又掉了一层饼皮而越发单薄了。他居然藏了一天。

在他期待的目光里，我双手接过月饼，并且把它放到嘴边，轻轻咬下一口："嗯，真甜！"

童高咧开嘴笑了，露出一对可爱的酒窝。

那一刻，从他率真的笑容里，我感受到了他内心因为被信任和尊重所产生的满足感和幸福感，这一切不过是因为我接受了他的月饼。

原来，接受也是一种给予。

李白再牛也敌不过窗外飞舞的雪花

"送别的时间是烟花烂漫的三月，地点是千古名楼黄鹤楼，送和被送的人都是才华横溢、飘逸潇洒的大诗人。这样的送别充满浪漫和诗意，让我们走近李白和孟浩然，感受他们之间依依惜别的深情……"

这段我自以为完美的开场白，却吸引不了学生。他们的目光不在我身上，而是投向了窗外。外面不知什么时候飘起了雪花，飞舞的雪花轻而易举地带走了学生们的注意力。

任何老师面对学生游离的目光，心里多少会有些不舒服，我也不例外。这时，我完全可以一声令下把大家的注意力齐刷刷地召回，按既定的课时目标完成教学，但我于心不忍。窗外的雪花密密地飘飞，这在我们南方并不多见。雪花不仅吸引了他们，也吸引了我。

我知道即使勉强让大家把目光收回来，他们的心也不会跟着一起回来。我便大声对学生们说："感谢大自然在我们语文课上降临一场美妙的大雪，下面我们花十五分钟时间欣赏这场雪。"

　　同学们兴奋起来。

　　我继续说："如果你们觉得在教室里面看不过瘾，可以跑到走廊里看。当然，不怕冷的同学还可以到外面体验一下雪花落在身上的感受。"

　　教室里欢呼声四起，同学们争先恐后地跑出去，仿佛一群活泼的麻雀。他们有的趴在走廊的栏杆上看雪，不时指指点点，说说笑笑；有的跑下楼站在空地上，张开双臂拥抱雪花；有的在雪中昂起头，任雪花轻轻飘落在面颊上；还有的在雪中转着圈嬉戏着，一边还情不自禁地喃喃自语……他们兴奋的模样胜过过大年。

　　一场不期而遇的大雪给大家带来了欢乐和惊喜，我不禁为自己"十五分钟"的决定感到高兴。

　　突然想起自己刚踏上讲台的那一年，有一次语文课上，我提了一个问题，学生间却爆发出一声感叹。我发现学生的目光都集中到了窗外的一棵梧桐树上，高大的梧桐树正在秋风中抖落大片大片的黄叶，可谓壮观。为了不耽搁教学进度，我生硬地对大家说："你们没见过梧桐落叶吗？这有什么大惊小怪的，赶紧思考问题……"

现在想起，我当时犯了一个多么严重的错误啊！深秋季节，黄叶纷飞，那是何等浪漫和美好的画面，能引发学生多少遐想和感慨。而我却以教学的名义，生硬地在学生和梧桐落叶之间竖起了界碑。

梧桐落叶，雪花飞舞，都是大自然展现在我们面前最真实灵动的一面。都说大自然是一本教科书，既然这本教科书那么形象生动地打开在我们面前，那就让我们热爱它、珍视它、欣赏它吧。

老师就是离自己很近很近的人

我上小学五年级那年，学校来了一位新老师，一位漂亮的女老师。在我们的小学校，这简直是一条特大新闻。比这更令我们感到惊讶的是，这位年轻的老师居然被安排当我们的新班主任。那一阵，我们快活极了，眼里看的、嘴里议论的、脑袋里想的全是新老师。

我们很快就知道，新老师有个很好听的名字，是"桃李芬芳"中的两个字——李芳。李老师留着一头飘逸的长发，穿着花色别致的鲜艳的线衣，黑色的长裤显出她修长的腿，高跟鞋隐约露出尖细的后跟。跟我们看惯了的爷爷奶奶辈、伯伯婶婶辈的老师们比起来，她是多么与众不同，多么新鲜美好。语文课上，我会不由自主地盯着她的眼睛悄悄地想，她每天一定吃得很少，她住的房间一定是香喷喷的。

李老师的眼睛很美，笑和不笑都是弯弯的，这让我们着迷。更可喜的是，她居然会说一口流利的普通话，还会弹风琴。我们跟着她大声朗读课文，每一个人都觉得自己的普通话既标准又动听；我们在琴声的伴奏下高唱《长江之歌》，每一个音符都充满骄傲。因为她的存在，我们每一天都欣喜着、快乐着。

在李老师的影响下，我喜欢上了朗读，一有时间就捧着课文没完没了地读，觉得朗读就像吃东西一样有滋味，读一个字，仿佛嚼一颗糖。李老师发现后，主动利用课余时间指导我，不仅一个字一个字地为我正音，还教我如何富有表情地朗读，我的朗读水平因此突飞猛进。到了第二学期，镇上组织小学生朗读比赛，李老师推荐我去参赛。作为全校唯一的参赛者，我既兴奋又担忧。细心的李老师看出了我的心思，摸着我的头鼓劲我，和我一起精心准备。

参赛那天，李老师亲自带我去镇中心小学。她让我坐在她自行车的后座上，还让我的手环住她的腰。我的脸贴着她温暖的后背，身体随着车在坑坑洼洼的小路上颠簸，幸福得像在做梦。我第一次真切地感受到，原来老师就是离自己很近很近的人。

我没有获奖，连鼓励奖都没有我的份。但我一点儿都不难过，因为我已经得到了比奖状更重要的东西，那是李老师柔软甜蜜的爱，像泉水一样汩汩地流入我的心田，温暖了我的整个身心。我知道，她是我一辈子要感激的人。

作为学校最年轻的老师，李老师经常被安排去参加各种活动。令我至今记忆犹新的是，有一次她领我们全班同学去另外一所学校上公开课，课题是《再见了，亲人》。那是第一次有人听我们上课，而且有很多人。面对陌生的环境和陌生的面孔，没有见过世面的我们坐在下面紧张得发抖。李老师不断地给我们投来鼓励的目光，让我们的心渐渐平静，和她一起专注于课文内容。我清楚地记得她最后朗读的那一段："再见了，亲人！再见了，亲爱的土地！列车呀，请开得慢一点儿，让我们再看一眼朝鲜的亲人，让我们在这曾经洒过鲜血的土地上再停留片刻！再见了，亲人，我们的心永远跟你们在一起！"

在音乐声中，李老师声情并茂的朗读感动了每一个人，我的眼前仿佛出现了志愿军战士和朝鲜人民挥手告别的场面，那场面多么壮观，多么催人泪下。我的眼眶湿润了。

李老师的公开课获得了一致好评，可她没有骄傲。她告诉我们，作为一名老师，上好一堂课并不难，难的是上好每一堂课。

我深深地记住了那句话。

多年后，我如愿地走上了讲台，和当年年轻的李老师一样，用自己的热情和微笑眷顾着台下的每一颗心灵。那个时候，我的目光总是轻轻地拂过每个学生，试图寻找着和多年前那个爱看李老师的小姑娘一样的表情。

工作第一年，学校就安排我为全镇语文老师展示公开课。我翻开那篇熟悉的《再见了，亲人》，幸福地回想李老师当年朗读它时的情景。当我在偌大的阶梯教室执教这一课的时候，心里很紧张，握着粉笔的手不听使唤，有好几次差点把过渡语忘了。这时候，我忽然看见听课的老师中有一张特别熟悉的脸——是李老师。我们的目光就这样猝不及防地交融了，时隔多年，却没有陌生，没有障碍，她温润的目光传递给我力量和信心。于是，我学着她的样子，认真地、投入地朗读起来："再见了，亲人……"

我的学生被我的朗读感动了，听课的老师也被感动了，我自己更是被感动了。我握住李老师的手，热

教育的方式

泪盈眶地说："李老师，那一年您给我上《再见了，亲人》。现在，您已经桃李芬芳，瞧，我也当了老师，我把《再见了，亲人》上给您听，上给我的学生听，您高兴吗？"

李老师一个劲儿点头，含笑的眸子里闪着亮光……

幸福启示十一：感恩也应是教育的内容

古代的蒙学课本《弟子规》对做人做事倡导以下准则："首孝悌，次谨信，泛爱众，而亲仁，有余力，则学文。"将孝列为做人之首，这并非是圣人孔子非要强调的见解，而是中华几千年文明的结晶。

百善孝为先，从"教"字的构成可以看出，"孝"在"文"的前面，即对孝的人传授文化知识，才为"教"。从现实生活看，很多父母在教育中只看重"文"，孩子只要成绩好，孝不孝无所谓。这实质上是一种很不负责任的短视教育行为。有一对下岗夫妻含辛茹苦地抚养儿子，儿子终于考上了名牌大学，父母很开心，觉得梦想实现了。可不久父母就体会到了痛苦，一天儿子打电话回家，请父母给他多准备一些钱，说同学之间需要轮流请客。父母实在拿不出钱，就想让儿子不要请客，可儿子说不行，一定要请，否则太没面子了，因为别人请客时他都参加了。父母实在想不出办法，只能将卖血得来的五百元钱打到了儿子的银行卡上。这虽是一个个案，但这样的例子在生活中比比皆是。只重"文"的畸形教育，注定会造成悲剧。

"身体发肤，受之父母"，每个人的身体里流淌的是传承父母基因的血液，对父母的养育心存感恩便是孝。从"孝"字的构成就可以看出，何为"孝"：即孩子为老人做事。因此，在物质上赡养父母是孝，在精神上让父母愉悦也是孝。一个人如果能实现父母的期望，奋发有为，报效国家，那便是更高层次的孝。

孝是一种源于天性的感恩，人生更多的感恩无处不在。传说，有个方丈立下一个特别的规矩：每到年底，方丈要求寺里的和尚用两个字说一说一年的感受。第一年年底，方丈问一个新来的小和尚一年的感受，小和尚答道："床硬。"第二年年底，方丈又问小和尚一年的感受，小和尚答道："食劣。"第三年年底，还没等方丈问，小和尚就直接说："告辞。"方丈望着小和尚远去的背影自言自语："心中有魔，难成正果，可惜！可惜！"方丈所说的"魔"，就是小和尚心里只有没完没了的抱怨，却不知道感恩。

有位女士刚搬了家，她发现隔壁住着一户穷人家。有天晚上突然停电了，那位女士正要点蜡烛。忽然听到有人敲门，打开门发现是邻居家的小孩。小孩一只手敲门，一只手放在背后，见她开门，小孩很有礼貌地问："阿姨，请问你家有蜡烛吗？"女士想："他们家竟穷到连蜡烛都没有，有也不能借给他们，免得日后被他们赖上。"女士便面无表情地对孩子说："没有。"就在她准备关门时，小孩开心地对她说："我就知道你家一定没有！"说着，将放在背后的手高高举到她眼前，孩子的手里攥着两根蜡烛："妈妈和我怕你一个人住没有蜡烛，所以让我拿两根来送给你。"

一个人只要来到世上，就意味着融入了各种恩惠的海洋。

感恩是成功的基石，感恩是幸福的源泉。父母的养育、师长的教诲、亲朋的关爱让我们感恩，校园的清净、教室的明亮、书本的墨香让我们感恩，阳光的温暖、雨露的滋润、山川的峻峭让我们感恩，工作的充实、辛苦的收获、生活的快乐让我们感恩……花草、鸟兽让我们感恩，苦难、困境，甚至对手、敌人，也都可以让我们感恩。

不知感恩的人，前进的道路定会越走越窄。曾经有两个人在沙漠里连续走了几天，水喝光了，嗓子干得冒烟，好不容易碰到一个人。在两个人的恳求下，那个人将自己的水分给他们每人半杯。其中的一个人觉得送水的人太小气了，才给半杯，当场就气愤地将半杯水泼掉了；另一个人则小心地收起半杯水，对送水的人千恩万谢。最终，将水泼掉的人渴死了，另一个人则靠这半杯水走出了沙漠。

感恩是一切成功与幸福的开始。懂得感恩，生活就会像水中的鱼、花海中的蜜蜂一样快乐无边。

第十二章

精神上的幸福是真幸福

精神上的幸福是真幸福

现在的孩子大多衣着光鲜，食不厌精。不少孩子从小就以车代步，一年四季风吹不着，雨淋不到，如此幸福生活，孩子们往往还无动于衷。原因就是人与动物的最大区别，即人有精神追求，精神上的愉悦和满足才是人类最高层次的享受。

害怕放假的孩子

要放假了，放假前我问同学们："你们高兴吗？""不高兴。"他们的回答异常干脆。"为什么？""因为离开学校就没有伙伴跟我玩了。"

对许多人来说，一生中最真挚、最恒久的友情都是在孩童时代建立的。良好的人际关系不仅能给人带来快乐，而且能助人走向成功。现在的孩子虽然能在学校接受到良好的教育，但由于小家庭间的互相设防，一定程度上造成了他们的孤独和封闭。

没有玩伴的孩子，在成长过程中会遇到特别的困难。没有伙伴式的交往和默契，就难以养成与人协作、尊重别人、理解社会规范、富于同情心与牺牲精神等方面的品性，而这些对日后适应社会、把握机会、挑战人生是极为重要的。

没有玩伴的孩子，只好孤独地关在家庭的小天地里，形成孤僻的性格，长此以往恶性循环，就更加不会与别人相识、相交。一些从小很有才华的孩子，就因为不合群，长大以后一直怀才不遇，自感英雄无用武之地，不仅才华得不到发挥，而且一生总是不顺；一些善于处理人际关系的人，处处受到大家的欢迎，才能得到充分的发挥，自己也感到很快乐。人们都不喜欢性情乖戾、忧郁的人，都喜欢与快乐热情的人在一起。为此，孩子们常挂在嘴边的一句"没有小朋友跟我玩"，我们切不可听听就算了。

现在的孩子普遍被父母整天束缚在身边，成天与大人在一起，受着大人的百般宠爱，养成了唯我独尊、自私任性的性格。两个孩子在一起玩耍时，往往不懂得如何与别人协调、遵守游戏规则、抑制自己的欲望。一看到好玩具都想独占，一见到好吃的都想独吞，于是轻则不欢而散，重则拳脚相向。如此氛围，造成了我们身边的孩子相互间发生冲突、暴力的倾向日趋频繁。许多父母为求保险，干脆把孩子关在防盗门里，一锁了之。

健康的人不能孤独地生活，他需要社会。社交能力是孩子健康成长和今后赖以生存的一个极为重要的能力。孩提时代的友情是日后所有其他亲密关系的预演，这种友情，意义重大。

教育的幸福在哪里

经常听到这样一句口号：让学生享受教育的幸福。面对学生，面对他们越来越不生动的脸，我常想孩子们幸福吗？我不能确定他们幸福与否。为此，我试图走进他们的心灵，看看他们究竟在想什么，需要什么，是否幸福。

于是在一节语文课上，我放弃了讲授新课，而布置了一篇命题作文——《我愿……》，我没有进行任何干预性的指导，只要求他们一定得写心里话，还必须当堂完成。学生们稍作思考便写了起来，看来题目并不难。我思量着他们大概会谈到远大的理想。

下课后，我细读每一篇文章。令我感到震撼的是，他们中有近一半人表示"愿回到幼儿园""愿变得小一点"，有不少学生则"愿长一双翅膀自由飞翔"，只有少数几个学生说"愿快快长大，让梦想成真"。同样使我惊讶的是，大部分学生叙述得有条有理，语句通顺，可以称得上是写得很好的一篇作文。这说明他们确实写出了自己最大的愿望，说出了真心话，是有感而发的。

学生们写道，幼时的天特别蓝；鸟儿是喜欢唱歌的，而不是胡乱发出噪声；幼儿园里各种各样的玩具特别多；教室很宽敞，桌椅经常变化位置摆放，有足够的空间玩耍；一天的学习内容丰富多彩，也会有充足的时间翻看图书；老师像妈妈，讲故事的声音特别好听，总是安慰和鼓励人，不那么凶，不布置作业。

学生们还说，回想自己的小学生活，觉得并没享受到什么快乐。每天的课排得满满的，课间十分钟往往打折扣；教室里桌子挤，人也挤；老师禁止携带各种有趣的玩具和漫画书；最头疼的是老师太注重文化知识的讲授与测试，实践活动少，搞活动时劳师动众，只有累。至于父母，布置更多的提高题，更"残忍"。总之，缺少关心和理解，学习压力大，了无生趣。

类似的"心里话"一定不只是我们班学生的一家之言，他们说出了所有学生的肺腑之言。这不得不引起我们的沉思：幼时的孩子对"长大"抱有无限渴望、无限幻想，怎么才长大一点点就后悔了？我们的教育环境真的不利于他们成长吗？我们的老师没有一点吸引力吗？我们的家长真那么"可恶"？

作为教师，我能做的应该很多。首先，应该向学生解释，不能让他们误会环境的不近人情。多与他们沟通，走进他们的心灵，理解和包容他们。让他们渐渐懂得，长大了当然不能玩幼时的游戏，要接受更高的教育，要对自己有更高的要求，付出更大的努力。我可以群策群力，发扬民主，将教室布置得更有趣一点，让学生从幼儿园到小学能良好地过渡和适应；注重寓教于乐，多安排实践机会，让学生在玩中学、学中玩；多与家长交流，因材施教，注重激励……我相信，只要引导得当，很多学生会用心体会当下的幸福。

有多少作业可以不做

早些年提倡的减负，如今似乎早已成为历史。翻开学生的书包，不难找到成摞的作业本。单一门语文学科，书包里的作业本就五花八门，往往不下七八种，有抄写本、默写本、作文本、摘抄本，还有大小不同的练习册。这么多作业，每天轮番攻击学生，给学生造成的负担是沉重的，压力是巨大的。难道这些作业都非做不可吗？我认为有些作业完全可以少做，甚至不做，比如抄写。

以中年级为例，学生新学一篇课文，往往需要掌握 20 多个词语，那些词语有的是带生字的新词，有的则是常用词。小学阶段识字教学固然重要，把生字新词默写出来，也是最基本的要求，然而，重复机械地抄写，并不是最好的办法。适当地抄写是必要的，但抄写不是唯一的手段。在实践中，我逐步摸索出了一套自认为事半功倍的生字新词教学方法，我称其为"四步法"。第一步是重视课前预习环节。我充分发挥学生的学习自觉性，要求他们预习课文时，在熟读课文的基础上，划出自己认为重要的或者难以掌握的词语，并想办法把这些词语的写法记在脑中。第二步是轻轻松松向上课要效率。新课一开始，我鼓励学生在黑板上默写词语，写课文中自己认为重要或者难写的词语，不与他人重复。其他学生在核对他人默写的词语时，显得特别认真，对掌握词语起到了关键作用。第三步是因人而异布置作业。作业的布置要根据学生学习的实际情况，切忌一刀切。对于学习比较自觉、以往词语掌握得比较好的学生，我只要求他们把词语默写出来，不必抄写。对于学习不够自觉、以往词语掌握得并不理想的学生，我则要求他们抄写词语。第四步是反馈环节不放松。组织学生统一默写词语，对于暴露出的共性问题，比如个别词出错的学生比较多，我则重点示范和提醒。对于错误率比较高的学生，我鼓励他们展开竞争，看谁在下一次默写中表现出色。四步走下来，学生往往能扎实地掌握生字新词。

再比如摘抄。老师让学生摘抄好词好句无可厚非，应该说出发点是好的。但实际上，缺乏指导、缺少自觉成分的摘抄，只是形式上的摘抄，根本没有多少效果。究竟注重形式还是注重实效，答案当然是应该注重实效。盲目地摘抄只会浪费学生的时间，对积累与表达起不到什么作用。有效的摘抄应该是这样的：学生在深入阅读之后，将自认为人有我无、值得借鉴的东西分类摘抄下来，这样便能在脑中留下一定的印象，便于日后表达需要。

我们呼唤人性化的教育，以人为本的教育，把人的发展和需要放在第一位的教育。我们的学生不是只会完成机械作业的书呆子，更不是做作业的机器。看着学生被沉重的书包压弯的脊背，看着他们长满冻疮却依然紧握铅笔的手，看着他们日渐近视的眼睛，我们忍心布置太多的作业吗？有人怕上学，有人不按时完成作业，有的家长反感当前的学校教育，过多的作业便是罪魁祸首。随着教育改革日趋深化，作业正呈现多元化、个性化，增加与社会实践的密切联系，培养孩子的想象力、思辨力、创造力以及协作意识将成为教学的主要方向。唯有如此，我们的孩子才可能个性地、健康快乐地成长。

长绳舞动童年的温暖

课间，一群女生正在跳大绳，高高的马尾辫有节奏地甩动，轻巧的身体腾起又落下。她们轻盈的身姿、快乐的脸庞和稚嫩的笑声汇聚成一股巨大的吸引力，让我忍不住想加入她们的行列。

"老师来帮你们甩大绳吧！"我自告奋勇。

女生们欣喜若狂，她们不让我甩大绳，而是把我推到了大绳中间，要我和她们一起跳。于是，甩大绳的劲儿更足了，跳大绳的笑得更欢了。我排在她们中间，和她们一起随着绳子的起落跳跃着、欢笑着、陶醉着。此时此刻，我觉得自己仿佛又回到了童年，回到了那个把跳大绳看得比上课更重要的冬天。

在那些寒冷的日子里，没有羽绒服，没有取暖器，更没有空调，而飞舞的绳子却温暖了我整个冬天。下课铃声一响起，我就抓起早已准备好的大绳，像小鸟一般飞出教室，邀上五六个伙伴甩起来、跳起来，尽情地享受属于我们的童年时光，以至于忘记了上厕所，也听不见上课铃声。于是，解不开的数学难题丢了，没写完的作文丢了，背不出的课文也丢了，伙伴之间的小矛盾消失了，冰冷了一节课的手脚变得暖和了，麻木的两腮泛起幸福的红晕。那一刻，自由和欢乐充满我们的心灵，全世界都能听到我们爽朗的笑声。直到被老师喊回教室，我还在喘着粗气，盘算着下一个课间邀谁一起玩儿，能不能玩出点儿新花样。

这就是童年，是绳子舞动的日子，是把玩儿看得比任何事情都重要的日子。跳大绳，使童年没有被厚厚的作业本覆盖住金色的光芒，使童年的日子变得丰富和美丽。绳子飞舞，舞出欣喜和温暖，舞出梦想和希望。我想，既然跳大绳能温暖我的童年，那它也一定能温暖学生的童年。当我和学生们说起这些往事的时候，她们先感到诧异，接着便会心地笑了。那样的微笑正是我熟悉的，仿佛儿时镜中的自己；那样的微笑也正是我企盼的，因为我没有扼杀她们的快乐。我上课不拖堂，因为我知道，拖堂牺牲的是学生玩儿的时间，剥夺的是他们童年里的欢笑；我善于宽容，因为我懂得，宽容不仅是对生命个体的尊重，也是对童年时光的尊重；我渴望和学生玩成一片，那不仅可以增添我的幸福，还可以放大他们的幸福。

身为人师真是有幸。在童年早已流逝的时候，能从学生的身上感受到童年的芳香气息依然扑鼻，能和他们一起追赶童年的脚步，能怀着一颗简单纯真的心做人做事。

每一个不再年轻却依然幻想年轻的老师和父母，让我们放下师者和长者的身段，以一个朋友的身份，用一颗宽容的心试着和孩子们交往，去接近他们，了解他们，包容他们，陪他们一起玩耍、一起疯。当你融进他们的世界，你会发现自己的童年又回来了，和孩子们的童年一样，被你演绎得绚丽温暖。这样的过程是纯洁美好的，也是欢乐和谐的，更是刻骨铭心的。

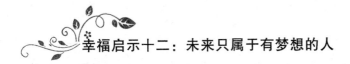

幸福启示十二：未来只属于有梦想的人

梦想是珍贵的，再大的梦都不嫌大，再小的梦也不嫌小。优秀的父母应该是孩子梦想的守护神。

有个6岁的小男孩，独自在院子里蹦蹦跳跳玩得很疯，正在厨房里忙碌的妈妈问他在做什么。孩子天真地回答："妈妈，我要跳到月球上去！"妈妈听了微笑着说："好呀，但是可别忘记回来吃饭！"这个小男孩就是人类历史上第一个登上月球的人——美国宇航员阿姆斯特朗。

所有的教育都是为成功做准备的，而所有的成功者又必定是梦想家。虽然梦想总是很虚幻、很缥缈，但只要有梦，就有实现的可能。千里眼、顺风耳曾经是神话，最终都变成了现实，如今已成为雷达、手机等寻常之物。就算梦想没有实现，朝着梦想前进的过程也是进步，也是成功，只是成功的大小不同而已。没有梦想，明日复明日，碌碌无为，原地踏步，最终必定一事无成。马云的成功就印证了他说的一句话："梦想还是要有的，万一实现了呢！"

1995年，马云偶然得到了一次去美国的机会。在美国，他新奇地发现了互联网，回来后他马上就把24个朋友请到家里，他告诉朋友们说自己想辞职去做互联网，请大家投票表决。结果23个人反对，一个人支持，朋友们觉得马云连电脑都不懂，怎么可能去做那个听起来就很玄乎、很不靠谱的互联网？经过一晚上思考，马云第二天早上还是决定辞职，努力实现自己的梦想。

克林顿的成功也源于一个梦想。克林顿小时候成绩很优秀，17岁那年很幸运地得到了一次进白宫跟总统见面的机会。就在跟总统握手的一刹那，他产生了将来也要当美国总统的梦想。回家后，他在纸条上写下："我克林顿今年17岁，我的梦想是当美国总统。我要做三件事，第一成为国会议员，第二进入国会，第三走进白宫。"克林顿将那张纸条一直贴在墙上，46岁那年，他的总统梦变成了现实。

梦想是高飞的翅膀，梦想是成功的阶梯，梦想是人生的太阳，每个孩子的梦想都值得被尊重。美国有一个中学老师，他曾布置作业让学生写一篇有关自己未来理想的作文。有个名叫蒙迪的孩子，用了7张纸写下自己的梦想，他梦想将来有一天能拥有一个牧马场。他还特意画了一幅有房屋、马厩、跑道、种植园，占地二百英亩的牧马场示意图。第二天，当他兴冲冲地将作文交给老师时，老师却告诉他："你的理想离现实太远，太不切实际。你的父亲只是一个驯马师，连固定的家都没有，根本没有什么资本。拥有一个牧马场需要很多的钱，你能有那么多钱吗？"老师毫不犹豫地给他打了个最低分，并告诉他，如果愿意重新写，确定一个现实一些的目标，可以重新给他打分。蒙迪没有重写自己的梦想，并一直保存着那篇作文。若干年后，蒙迪邀请当年的老师参观自己占地200多英亩的牧马场。老师深感震撼，流着泪对蒙迪说："现在我才意识到，当时我当老师时，就像一个偷梦的小偷，偷走了很多孩子的梦。"

现在的学校教育和家庭教育使孩子很忙、很苦，孩子们整天被关进课堂，埋进题海，稍有空闲也会被父母押着去上各种补习班、兴趣班。日子久了，原本活泼好动、天真烂漫的孩子，都被折磨成了死气沉沉的小老头、小老太太。等孩子读到初中、高中时，就完全变成了毫无生气的学习机器。说到梦想，孩子大多一脸茫然。我曾问过几个中学毕业班的孩子，他们的梦想是什么。孩子们愣了好一会儿，竟憋出了这样一个梦想——想大睡一觉，最好永远不要天亮。正是做梦的黄金年龄，可孩子连做梦的时间都没有。

孩子的梦想都到哪儿去了？这不只是父母和老师要思考的话题，更是全社会都应该引起重视的话题。虽然不是所有的梦想之花都会结出成功之果，但未来一定只属于敢于追求梦想的人。在追逐中国梦的大道上，只有让每个孩子都有梦，中国才会强大！

精神上的幸福是真幸福

一间木屋，一片向日葵，还有我们

　　我喜欢下课的时候，看孩子们在铺满阳光的操场上疯跑，他们的笑脸在灿烂明亮的光芒里自由绽放，笑声把快乐传得很远很远……

　　上课的音乐尽管节奏明快、旋律优美，却无法把淘气的孩子心甘情愿地召回。那些刚刚开放的自由，那些零乱的欢乐，那些无边的向往和模糊的憧憬，全被乐声打碎在操场上。

　　教室为什么那么四四方方？教室里的课桌为什么那么四四方方？课桌的排列为什么那么四四方方？老师的板书为什么那么四四方方？从硬性摆设到软性制度，从行为规范到家庭作业，全部都是四四方方的条条框框。抄写代替了阅读和思考，背诵代替了感悟和实践。我常想，孩子们有没有自己的梦想呢？如果有，身处四四方方的世界，他们的梦想会不会也变得四四方方？梦想应

该是没有规则的图形，甚至是没有边界的不成图形的图形，像辽阔天空中淡淡的云朵，如奔腾江河里跳跃的浪花，好似大诗人笔端长长短短的诗句，犹如归航渔船上明明灭灭的灯光，又仿佛郊野那漫天飞舞的蒲公英。

很多时候，我站在讲台前，面对孩子们率真的眼睛，看他们坐得端端正正，目不斜视，我的心会渐渐地忧伤和歉疚起来。这种感觉软弱无助，使我觉得自己渺小不堪。

如果可以，我想对孩子们说："跟我走吧，逃离这四四方方的世界，我们去一个美丽的新世界。在那儿，我们的手脚因为可以自由舞动而更加健壮，我们的思想因为可以自由驰骋而简单明亮，我们的内心会被滋养得更加丰富。"

那是广袤的原野，除了绿绒般的草地和不知名的大片野花，还有玉带似的小河和积木样的丘陵。最主要的是在蓝天的下面，飘着一片闲散的云朵，在云朵的下面，敞开着一间朝南的白色木屋。从每个角度看，它的模样

都不相同，仿佛很大，又仿佛很小。在木屋的周围，站满密密层层的向日葵，它们的个头和孩子们差不多。我们在木屋里刷上彩色的墙粉，铺上厚实的地毯，把书放满一面墙，挂上笑容灿烂的"全家福"，还要捉几只文静的蚱蜢放在脚边，三三两两，盘腿而坐，读书，写字，说话。读累了，写累了，说累了，我们跑出木屋，和向日葵一起跳舞，一起捉迷藏，一起向大自然老师鞠躬问好……就这样，一间木屋，一片向日葵，还有我们，真心呵护童真，用心守护梦想，开心追逐希望。我们和向日葵一起历风经雨，并肩成长，向着阳光，向着温暖，让孩子遇见更好的自己，成为他们想要成为的人。